Leitfaden zum Schutz Ihres Teenagers vor Internet-Verführern

von

Rodney T. Alexander

März 2014

Zusammenfassung

Internet-Nutzer im Teenager-Alter sind die am schnellsten wachsende Gruppe innerhalb der Internet-Nutzer. Diese Jugendlichen sind potentiellen sexuellen Gefahren durch Internet-Verführung ausgesetzt. Dieser Leitfaden erkundet die Auffassungen von Lehrern und Beratern, wie man sexuelle Gefahren abwenden kann. 25 Lehrer und Beratungspersonen wurden befragt. Eine modifizierte Van Kaam-Methode wurde genutzt, um die Daten zu analysieren und Themen daraus zu entwickeln. Die Teilnehmer gaben an, dass fehlende elterliche Betreuung und soziale Netzwerke im Internet die hauptsächlichen Umstände waren, die zu sexuellen Übergriffen auf Jugendliche im Internet führten. Die Hauptgründe, warum Jugendliche sich zu Treffen mit sexuellen Verführern verabredeten, waren für Jugendliche typische Bedürfnisse und Befriedigung.

Herauskristallisiert haben sich 13 Themen, die auch Themen dieses Leitfadens sind: Mangel an elterlicher Unterstützung, Anonymität im Internet, jugendliche Einsamkeit, soziale Netzwerke und Chat-Räume, Persönlichkeit von Teenagern (introvertiert oder extrovertiert), jugendliche Rebellion, jugendliches Bedürfnis nach Beziehungen, sofortige Befriedigung unter Jugendlichen, geringes Selbstwertgefühl bei Jugendlichen, verbesserte elterliche Unterstützung, verbesserte Erziehung, verbesserte Strafverfolgung und zusätzliche Umstände, die zum Phänomen sexueller Übergriffe auf Teenager im Internet führen.

Widmung

Dieser Leitfaden ist zum einen den Lehrern und Beratern der Highschool im mittleren Westen der USA gewidmet, die an der Studie teilnahmen, und zum anderen jugendlichen Opfern von sexuellen Übergriffen im Internet.

Danksagung

Ein Leitfaden ist ein Teamprojekt mit vielen Spielern, Trainern und unterstützenden Anhängern. Ich bin dankbar, das kompetente und sachkundige Training von Dr. Karen Johnson, Dr. Jiefeng Xu, und Dr. Olufemi Akintunde absolviert zu haben. Jedem der Lehrer gebührt mein Dank und meine Bewunderung. Sie haben mich mit ihrer Erfahrung durch diesen Prozess begleitet. Bewegend für mich war die Freizügigkeit der Lehrer und Berater der an der Studie beteiligten Highschool im mittleren Westen der USA. Ihr Engagement und ihre Hingabe, mit der sie die Jugendlichen durch ihre schwierigen Erfahrungen begleitet haben, sind beeindruckend. Ihr Spielfeld ist das Leben und sie nehmen die schwierige Aufgabe wahr, Jugendliche mit ihrer Beratung sicher durch viele Herausforderungen zu begleiten. Ich schließe sie alle und die Jugendlichen in meinen Dank und meine Gebete ein.

Inhaltsverzeichnis

Seite

Kapitel 1: Überblick

Das Internet ist sehr wichtig für die Gesellschaft geworden; es ist in der Mehrheit der amerikanischen Haushalte präsent, wird aber immer mehr auch zu einem neuen Schauplatz sexueller Verführer. Laut van Manen (2010) kann das virtuelle Teilen persönlicher Daten unerwartet riskant sein – teilweise, weil sexuelle Straftäter und Pädophile Jagd auf ahnungslose Nutzer sozialer Netzwerke machen. Chat-Räume und ähnliche Orte werden zu Plätzen, an denen Kinder-Verführer Jugendliche zwischen 13 und 17 Jahren treffen, um sie zu sexuellen Handlungen aufzufordern. Laut Wolak, David, Mitchell und Ybarra (2008) wird das Internet zu einem zunehmend gefährlichen Ort für Kinder.

Internetseiten sozialer Netzwerke wie Facebook®, MySpace™, Twitter© und Chats können für Teenager zu Türen werden, um das Internet zu erkunden. Anonymus (2011) weist beispielsweise darauf hin, dass die amerikanischen Bundesbehörden gezielt nach mehrfachen E-Mail-Adressen und Facebook-Konten suchen und dabei im Zuge einer Ermittlung zu Kinderpornographie und sexueller Ausbeutung besonders auf den Namen des ermordeten Teenagers Phylicia Barnes aus North Carolina achteten. Dieser Leitfaden soll dazu beitragen, dass Strafverfolger, Pädagogen, Psychologen und Eltern besser über diese verhältnismäßig neue Bedrohung für Jugendliche informiert werden und diese dadurch reduziert werden kann.

Eine genaue Durchsicht der (einschlägigen) Literatur half dabei, zu bestimmen, dass die gegenwärtige Forschung keine adäquaten Informationen für Pädagogen, Eltern, Psychologen und Strafverfolger bietet. Darüber hinaus ist die Unterrichtung der 13- bis 17-Jährigen über Bedrohungen des Internets und wie diese vermieden werden können mangelhaft. Dieser Leitfaden besteht aus Interviews mit Lehrern/Beratern, die mit jugendlichen Opfern sexueller Übergriffe durch jemanden, den sie im Internet kennengelernt haben, gearbeitet haben.

Umfeld

Chat-Räume und soziale Netzwerke wie Facebook®, MySpace™ und Twitter© sind Orte, an denen Internet-Verführer Teenager in zahlreichen Fällen zu sexuellen Handlungen auffordern. Nach Bowers (2008) sind die meisten Täter sexueller Handlungen im Internet Erwachsene, die gefährdete 13- bis 17-jährige zu sexuellen Beziehungen verführen. Teenager werden von Verführern im Internet gelockt. Erwachsene Verführer nutzen soziale Netzwerke wie Facebook®, MySpace™ und Twitter©, um Teenager zu sexuellen Aktivitäten zu verlocken.

Laut Dylan und Fuller (2010) hat das Management von Facebook® es wiederholt nicht geschafft, die Aktivität eines internationalen Kinderpornographie-Ringes, der auf ihrer Seite operierte, zu entlarven. Teenager geben unbeabsichtigt persönliche Informationen auf diesen Seiten Preis, die Verführer oftmals nutzen, um sie zu sexuellen Beziehungen zu verführen. Nach Shao (2009) beteiligen sich Individuen im Internet durch Interaktion mit Inhalten ebenso wie durch Interaktion mit anderen Nutzern, um soziale Beziehungen und virtuelle Gemeinschaften weiterzuentwickeln; und sie produzieren ihre eigenen Inhalte zur Selbstdarstellung und Selbstverwirklichung. Teenager suchen häufig im Internet nach Befriedigung. Diese Erwachsenen übervorteilen diejenigen, die über das Internet nach Beziehungen suchen. Persönliche Informationen Preis zu geben, bereitet vielen Jugendlichen Vergnügen und bringt ihnen Befriedigung. Medien mit nutzergenerierten Inhalten (UGM) wie Youtube, MySpace und Wikipedia wurden in den letzten Jahren ungemein populär (Shao, 2009).

Soziale Netzwerke wie Facebook®, MySpace™ und Twitter© dienen als soziale Versammlungsplätze für Teenager, um Fotos zu teilen und Neuigkeiten auszutauschen. Nach Peter, Valkenburg, Schouten und Alexander (2005) wird das Internet als neue soziale Umgebung gesehen, in der allgemeine Themen Heranwachsender wie Identität, Sexualität und ein Sinn für Selbstwert in die virtuelle Welt übertragen werden. Die virtuelle Realität des Internets bietet Teenagern einen Ort, an dem sie ihre Fantasien erfüllen können. Eine der einflussreichen Traditionen in der Medienforschung ist

U&G, sie repräsentiert Mediennutzung in Begriffen wie „Befriedigung" oder „psychische Bedürfnisse des Einzelnen" (Shao, 2009).

Soziale Bedürfnisse der Personen werden oft durch soziale Medien befriedigt. Diese neue soziale Umgebung wächst nicht nur in den USA, sondern auch weltweit. Sie ist fest in den Alltag der meisten Teenager integriert. Die Internetnutzung von Teenagern ist mittlerweile weltweit verbreitet. Laut Shannon (2008) fand eine kürzliche Studie über die medialen Gewohnheiten schwedischer Kinder heraus, dass 95 % der 12- bis 16-jährigen das Internet nutzen und dass 28% respektive 54 % dieses sogar jeden Tag nutzen. Die steigende Zahl an Teenagern, die das Internet nutzen, erhöht auch die Wahrscheinlichkeit, auf einen Verführer zu stoßen. Sexuelle Übergriffe auf Jugendliche im Internet scheinen eher bei Teenagern als bei jüngeren Kindern verbreitet zu sein. Die Anzahl der Kinder, die in Kontakt mit Internet-Verführern geraten, steigt, wenn Kinder das Teenager-Alter erreichen (Shannon, 2008).

Das Internet wird zunehmend zu dem Ort, wo Verführer Kinder treffen, während diese zu Teenagern heranwachsen. Nissley (2008) berichtete, dass das Internet zunehmend zu der Methode wird, durch die Verführer auf ihre Opfer im Teenageralter treffen. Zwischen 2000 und 2001 nutzten die meisten Verführer das Internet, um Beziehungen zu Kindern aufzubauen und um diese zum Sex zu treffen. Ungefähr fünf Prozent der Täter gaben vor, selber Teenager zu sein, während sie Beziehungen zu anderen Teenagern über das Internet aufbauten. Oft nutzten sie Chat-Räume, um sie zu treffen. Dieser Leitfaden kann dazu beitragen, verschiedene Vorgehensweisen zu entwickeln, um sexuelle Übergriffe auf Teenager im Internet zu bekämpfen. Es müssen Strategien entwickelt werden, die direkt auf 13- bis 17-Jährige abzielen und die normale Interessen Heranwachsender an Romantik und Sex anerkennen (Wolak et al., 2008). Altersgerechte Aufklärungsstrategien sind notwendig, um Teenagern zu helfen, es zu vermeiden, auf Online-Verführer hereinzufallen.

Diese Aufklärungsstrategien zielen direkt auf dieses neue Phänomen sexueller Übergriffe auf Teenager im Internet. Erfolgreiche Aufklärungsstrategien können dazu beitragen, dieses antisoziale Verhalten zu verhindern. Die

Verhinderung von schulischem Misserfolg kann dazu dienen, die Auswirkung anderer Einflüsse der Umgebung, die zu antisozialem Verhalten beitragen, zu mindern und sowohl genetische wie spezifische Begünstigungen der Umgebung von antisozialem Verhalten zu reduzieren (Johnson et al., 2009). Eltern, Lehrer, Psychologen und die Strafverfolgung benötigen ebenfalls zusätzliche Daten, um diese wachsende Form von Belästigungen von Teenagern besser zu verstehen. Sexuelle Übergriffe auf Teenager im Internet sind ein wachsendes gesellschaftliches Problem. Dieses verlangt nach einem Verständnis der Art der Befriedigung, die Teenager aus ihrer Internet-Nutzung ziehen und wie es zu verhindern ist, dass diese Suche nach Bestätigung zu sexuellen Übergriffen führt. Studien haben gezeigt, dass ein niedriger Notendurchschnitt eng mit antisozialem Verhalten von Teenagern verbunden ist.

Ein sehr niedriger Notendurchschnitt bei 17-Jährigen beförderte die Ausbildung genetisch veranlagten antisozialen Verhaltens, ebenso wie ein hoher Notendurchschnitt die Ausbildung dieser genetischen und umfeldbedingten Einflüsse auf antisoziales Verhaltens minimierte (Johnson et al., 2009). Neue Vorgehensweisen sind nötig, um die steigende Zahl sexueller Übergriffe gegen Jugendliche im Internet verhindern zu helfen. Die Präventionsansätze berücksichtigen die speziellen Eigenschaften des Internets wie etwa den Schutz persönlicher Daten und die Kontrolle persönlicher Beziehungen im Internet.

Theoretisches Interesse – Hypothetische Aufmerksamkeit

Teenager nutzen das Internet intensiver als Erwachsene. Nach van den Eijnden, Spijkerman, Vermulst, van Rooij und Engels (2010) sehen Heranwachsende ab 14 Jahren die Internetnutzung als wichtigere Freizeitbeschäftigung an, als das Fernsehen. Teenager nutzen nicht nur das Internet intensiver als Erwachsene, sie nutzen auch Internetwerkzeuge wie soziale Netzwerke und Chat-Räume häufiger als Erwachsene. Eltern legen ihre Aufmerksamkeit mehr darauf, ihre Jugendlichen vor den Übeln, die im Internet existieren, zu schützen.

Die wachsende Popularität des Internets und die immer weiter ansteigende Zeit, die Heranwachsende im Internet verbringen, stellt eine Herausforderung für Eltern dar, die ihre Kinder im Teenageralter vor exzessivem Internetgebrauch schützen wollen (van den Eijnden et al., 2010). Das Internet spielt eine wichtige Rolle im sozialen Leben von Teenagern. Diese neuen Formen der Kommunikation bieten größere Möglichkeiten für Verführer, Teenager über das Internet zu treffen und an sich zu binden. Heranwachsende können einen unkontrollierbaren Drang zur Internet-Nutzung entwickeln, der oftmals mit einem Kontrollverlust verbunden ist, der die Internet-Nutzung zu ihrer Hauptbeschäftigung werden lässt und der zu fortgesetztem Gebrauch trotz negativer Konsequenzen führt (van den Eijnden et al.., 2010).

Die Seiten sozialer Netzwerke wie Facebook®, MySpace™ und Twitter© bieten sowohl dem Teenager als auch dem Verführer Anonymität. Diese Anonymität kann sowohl beim Teenager als auch bei einem potentiellen Verführer die Hemmschwelle verringern. Weiterführende Forschung zur Rolle der Anonymität und der reduzierten Reize zum Phänomen sexueller Übergriffe auf Teenager ist notwendig. Es gibt gegenwärtig zwei Theorien, die sich damit beschäftigen, warum Jugendliche im Internet nach Beziehungen suchen. Wissenschaftler haben zwei entgegenstehende Hypothesen entwickelt, die das Verhältnis zwischen Introvertiertheit / Extrovertiertheit und der Bildung von Online-Freundschaften betreffen (Peter et al., 2005). Sowohl introvertierte als auch extrovertierte Teenager können zu Opfern sexueller Verführer im Internet werden. Die beiden gegensätzlichen Hypothesen sind die Reiche-werden-reicher-Hypothese und die Sozial-Kompensations-Hypothese.

Da der Kontakt über das Internet einfacher hergestellt werden kann, nutzen extrovertierte Teenager laut der Reiche-werden-reicher-Hypothese ihre verstärkten sozialen Kompetenzen, um in Chat-Räumen und auf Seiten sozialer Netzwerke Freundschaften zu schließen (Peter et al, 2005). Diese Theorie erklärt, dass extrovertierte Teenager mehr Erfolg in der Nutzung des Internets haben als introvertierte Teenager. Die Reiche-werden-reicher-Hypothese stellt fest, dass das Internet in erster Linie extrovertierte Personen begünstigt (Peter et al., 2005).

Durch die Nutzung des Internets können extrovertierte Teenager sich darin üben, Leute zu treffen und folglich ihre Fähigkeit zum Aufbau von Freundschaften verbessern. Gemäß der Reicher-werden-reicher-Hypothese sind extrovertierte Teenager besser darin, Beziehungen im Internet herzustellen als introvertierte Teenager. Die Fähigkeit eines Teenagers, Beziehungen im Internet herzustellen, kann dazu führen, dass Teenager Beziehungen zu Internet-Verführern eingehen. Das Selbstwertgefühl extrovertierte Teenager kann dadurch wachsen, dass sie erfolgreich jemanden im Internet kennenlernen. Lee (2009) stellte fest, dass sich extrovertierte Teenager durch die Nutzung des Internets besser fühlten; sie fühlten sich selbstbewusster und weniger isoliert. Extrovertierte Jugendliche empfanden sich als Teil einer sozialen Gruppe und waren zufriedener mit sich selbst, wenn sie das Internet nutzten.

Die Soziale-Kompensations-Hypothese ist die zweite. Laut Desjarlais und Willoughby (2010) legt die Sozial-Kompensations-Hypothese nahe, dass manche sozial unsicheren Personen berichten, dass die Kompensation ihrer sozialen Unsicherheit ein Grund dafür ist, dass sie den Computer mit Freunden nutzten, insbesondere zur Kommunikation. Nach dieser Hypothese versuchen Teenager ihre schwachen sozialen Kompetenzen dadurch zu kompensieren, dass sie im Internet nach Aufmerksamkeit suchen, wo weniger soziale Kompetenz benötigt wird. Im Gegensatz zu den extrovertierten Personen zeigen introvertierte einen Rückgang im Wohlbefinden, das mit denselben Variablen verknüpft ist. Die Theorie impliziert, dass das Internet die emotionalen Bedürfnisse extrovertierter Teenager stärker befriedigt als diejenigen introvertierter.

Aufgrund einer verringerten Zuhörerschaft, aufgrund von visuellen Reizen und der Anonymität können introvertierte Teenager ihre Schüchternheit durch die Nutzung des Internets kompensieren (Peter et al., 2005). Introvertierte Teenager sind möglicherweise weniger in der Lage, effektiv auf Reize wie Körpersprache oder Gesichtsausdrücke zu antworten und finden es aufgrund dessen leichter, im Internet zu kommunizieren, wo diese Reize eine geringere Rolle spielen (Peter et al., 2005). Introvertierte Teenager, die das Internet nutzen, können dadurch besser kommunizieren, dass sie nicht auf die aktuelle

Konversation reagieren und Personen von Angesicht zu Angesicht treffen müssen (Peter et al., 2005).

Das Internet kann die schwachen sozialen Kompetenzen der introvertierten Teenager fördern und verbessern. Basierend auf der Sozial-Kompensations-Hypothese können introvertierte Personen im Internet leichter persönliche Daten mitteilen, die die Bildung von Internet-Freundschaften erleichtern (Lee, 2009). Introvertierte Jugendliche können versuchen, ihre fehlenden sozialen Kompetenzen durch die Nutzung des Internets zu kompensieren. Das Internet kann als Ersatz für das Fehlen eines jenseits des Internets existierenden sozialen Netzwerks dienen, da sozial unsichere Personen sich mehr im Vorteil fühlen, wenn sie enge Kontakte im Internet knüpfen (Lee, 2009). Introvertierte Teenager, die sich unwohl dabei fühlen, im persönlichen Kontakt Beziehungen zu knüpfen, können sich sicherer dabei fühlen, Beziehungen im Internet herzustellen (Lee, 2009). Internet-Verführer können ihren Vorteil aus introvertierten Teenagern ziehen, die eher dazu bereit sind, persönliche Informationen auf Seiten sozialer Netzwerke wie Facebook®, MySpace™ und Twitter© Preis zu geben.

Problemdarstellung

Ausgangsproblematik. „Einige neue Berichte haben angedeutet, dass die Strafverfolgung sich einer Epidemie dieser Sexualverbrechen [Kindesmissbrauch], verübt mittels eines neuen Mediums [dem Internet], ausgesetzt sieht und damit einem neuen Verbrechertypus" (Wolak et al., 2008, S. 2). Der Aufstieg des Internets hat zu einer neuen Welle sexueller Belästigung von Kindern geführt, verursacht durch einen neuen Verbrechertypus – dem Internet-Verführer. Adäquate Informationen vorausgesetzt, kann die Strafverfolgung in den Stand versetzt werden, eine Ausbreitung dieser Epidemie zu verhindern.

Problemstellung im Detail. Jugendliche, die die betroffene Highschool im mittleren Westen der USA besuchen, knüpfen im Internet gefährliche Beziehungen zu Personen, die sie niemals getroffen haben. Laut Berichten von

News 4, KVOA.com (2012) ist ein jugendlicher Ehrenamtlicher aus Massachusetts angeklagt worden, nachdem ein Junge den lokalen Behörden mitgeteilt hatte, dass er von diesem Mann zu sexuellen Aktivitäten verleitet worden war, während sie mithilfe einer Webcam chatteten. Chat-Räume und soziale Netzwerke sind Orte, wo laut einer kürzlich vorgenommenen Umfrage 25% der Jugendlichen in den USA berichteten, dass sie im Internet Freundschaften mit Fremden geknüpft haben (Peter et al., 2005). Einer Gruppe von Lehrern und Anwälten aus einer Stadt im mittleren Westen der USA wurden qualitative Fragen mit offenem Ende gestellt, die helfen sollten, Gründe und mögliche Lösungen für dieses Phänomen zu finden.

Verpflichtung

Dieser Leitfaden untersucht die Auffassungen von Lehrern/Beratern zu Themen im Zusammenhang mit 13- bis 17-jährigen Teenagern, die Verführern von Minderjährigen im Internet zum Opfer fallen. Er wurde als Wissenssammlung konzipiert, indem Lehrern/Beratern die Möglichkeit gegeben wurde, offene Interviewfragen über ihre Meinungen zu den gemachten Erfahrungen von Teenagern zu sexuellen Übergriffen im Internet zu beantworten. Seine Verpflichtung war es auch, Wege zu finden, die dabei helfen können, die Zahl der Sex-Straftaten gegen Teenager durch jemanden, den er oder sie im Internet getroffen hat, zu reduzieren helfen. Die Meinungen von Lehrern und Beratern werden genutzt, um die Zahl sexueller Übergriffe im Internet zu reduzieren helfen.

Dieser Leitfaden enthält Interviews von 25 Lehrern/Beratern einer Highschool im mittleren Westen der USA, die mit jugendlichen Opfern von sexuellen Übergriffen im Internet gearbeitet haben. In den Interviews wurden die Berater zu ihrer Meinung zu den Gründen und zu möglichen Lösungen der Problematik sexueller Übergriffe im Internet befragt. Diese Forschungsarbeit untersucht die sozialen Bedürfnisse, die Teenager im Internet realisieren und wie diese Bedürfnisse erfüllt werden könnten, ohne die Teenager den Internet-Verführern auszusetzen. Der Leitfaden ist ein Beitrag zum Wissensschatz, der den Erziehern, Eltern, Psychologen und den Strafverfolgungsbehörden beim Phänomen der Verführung von Teenagern im Internet im Gebiet der betroffenen Stadt im mittleren Westen der USA zur Verfügung steht.

Diese Stadt im mittleren Westen der Vereinigten Staaten hat eine Bevölkerung von einer Million Menschen. Es gibt 25 Mittel- und Oberschulen (Junior High Schools, High Schools) in der Umgebung und 1000 Lehrer/Berater, die innerhalb dieser Stadt im mittleren Westen der USA leben. Um die Meinungen der Teilnehmer über einige der Gründe von sexuellen Angriffen unter Teenagern im Internet aufzudecken, erschien der Gebrauch der qualitativen Forschungsmethode inklusive offener Interviewfragen angemessen. Dieser Leitfaden kann Erziehern, Eltern, Psychologen und der Strafverfolgung Einsichten vermitteln, die Teenagern dabei helfen können, das Zusammentreffen mit Verführern Minderjähriger im Internet zu vermeiden. Diese Lehrer/Berater äußern Meinungen, die zum Verständnis, wie Teenager Internet-Verführern zum Opfer fallen und wie man diese Übergriffe verhindern kann, beitragen können.

Bedeutung

Allgemeine Bedeutung. Forscher der Universität von New Hampshire zeigten, dass innerhalb eines Jahres ein Fünftel der Leute, die Chat-Räume und soziale Netzwerke nutzten, aufgefordert wurden, sich an sexueller Aktivität zu beteiligen (Grenada, 2008). Wenn von Teenagern akzeptiert, konnten diese Bitten zu sexueller Ausbeutung oder Vergewaltigung führen. Die Bedeutung dieses Leitfadens liegt darin, dass er Erziehern, Eltern, Psychologen und der Strafverfolgung Informationen zum Phänomen sexueller Angriffe auf Teenager im Internet liefern kann, auf Basis derer Gesetze, Curricula und Erziehungsstrategien entwickelt werden können.

Anders als vorhergehende Studien über sexuelle Übergriffe auf Teenager im Internet konzentriert sich dieser Leitfaden auf Bedürfnisse und Verhalten der

Teenager im Internet und wie diese Bedürfnisse und Verhaltensweisen die Wahrscheinlichkeit des Zusammentreffens mit Verführern begünstigen. Während vorhergehende Studien wie die McCarthy-Studie (2010) die sexuelle Aktivität im Internet von zwei Gruppen von erwachsenen männlichen Kinderpornographie-Tätern untersuchten, bemühte sich dieser Leitfaden darum, potentielle Risikofaktoren, die mit diesen Tätern, die auch Minderjährige sexuell missbrauchten, in Verbindung stehen, zu identifizieren. Auch die Bagwell-Studie (2009), die den Titel „Trends in Festnahmen von ‚Internet-Verführern'" trägt, fand heraus, dass die Festnahmen von Internet-Verführern, die Kindern nachstellten, zwischen 2000 und 2006 um 400% stieg. Allerdings behandeln diese Studien nicht die Rolle, die das Teenager-Verhalten für das Phänomen sexueller Übergriffe auf Teenager im Internet spielt.

Bedeutung des Führungspersonals. Leiter von Strafverfolgungsorganisationen und Sekundär-Ausbildungseinrichtungen können in der Lage sein, die in dieser Forschungsarbeit erfassten Daten zu nutzen, um ein Curriculum zur Prävention von Internet-Vergewaltigung zu etablieren oder dieses zu verbessern. Da sie sehr wahrscheinlich die Ergebnisse in steigendem Drogenmissbrauch, Alkoholismus oder in gesunkener akademischer Leistung sehen, benötigen Psychologen eine akkurate Einschätzung der Natur und Verbreitung dieses neuen Phänomens der sexuellen Übergriffe auf Teenager im Internet (Wolak et al., 2008). Psychologen können daraufhin auch Eltern in der Erziehung ihrer Teenager unterstützen. Schließlich kann dieser Leitfaden auch bedeutsam sein, weil er Eltern mit Informationen ausstattet, die sie zur Diskussion mit ihrem Teenager, wie sexuelle Übergriffe im Internet zu verhindern sind, nutzen können.

Untersuchungsumfeld

Dieser Leitfaden wertet die Interview-Antworten von 25 Lehrern/Beratern in einer Stadt im mittleren Westen der USA aus, die mit Teenagern arbeiten, die eine sexuelle Beziehung mit jemandem erfahren haben, den sie im Internet getroffen haben. Das Ziel der Interviews war es, offene Fragen bezüglich der Gründen für sexuelle Übergriffe auf Teenager im Internet unter 13- bis 17-Jährigen zu stellen. Der Leitfaden wertet die Antworten zu der Frage aus, welcher Typ von Schüler seiner/ihrer Meinung nach am ehesten Vergewaltigungsopfer nach vorherigem Kontakt im Internet werden könnte. Schließlich wurden die Befragten nach ihrer Meinung zu potentiellen Lösungen zum Problem sexueller Übergriffe auf Teenager in Internet gefragt.

Eine qualitative Forschungsmethode, die offene Forschungsfragen nutzt, um Daten zum Phänomen sexueller Übergriffe auf Teenager im Internet zu erfassen, ist angemessener als die quantitativen oder gemischten Forschungsmethoden. Die qualitative Methode sorgt für die Sammlung einer Vielfalt von Meinungen von Erwachsenen, die täglich mit Teenagern interagieren. Die in diesem Leitfaden benutzte qualitative Forschungsmethode sorgt ebenfalls für die Klassifizierung der Antworten auf Interviewfragen und die Bestimmung derjenigen Bedürfnisse oder Verhaltensweisen von Teenagern, die am ehesten in Kontakt mit Internet-Verführern treten werden.

Schließlich hilft der Gebrauch der qualitativen Forschungsmethode dabei zu ermitteln, welche Lösungen zu sexuellen Übergriffen auf Teenager im Internet laut Ansicht der Befragten am nützlichsten sind. Die offenen qualitativen Fragen, die den Interviewten gegeben wurden, helfen dabei, ein Bild der Motivation von Teenagern für die Suche nach Freundschaft im Internet zu bilden. Die Fragen helfen dabei, Einblick in die Frage, welche Teenager am ehesten Verführern zum Opfer fallen, zu geben. Die qualitative Methode deckt Techniken auf, die in der Prävention von Übergriffen auf Teenager im Internet resultieren können.

Untersuchungen

Die primäre Forschungsfrage war: Was sind die Auffassungen von Lehrern/Beratern bezüglich den Gründen für das Phänomen sexueller

Übergriffe auf Teenager im Internet? Die nachfolgenden Fragen waren sekundäre Forschungsfragen. Was sind die Auffassungen von Lehrern/Beratern bezogen auf die folgenden Fragen: Welche Rolle spielen die Bedürfnisse von Teenagern im Phänomen sexueller Übergriffe auf Teenager im Internet (Identität, Gesellschaft und Sex)? Sind soziale Netzwerke relevant für sexuelle Übergriffe auf Teenager im Internet? Welche Maßnahmen können möglicherweise das Phänomen reduzieren – zum Beispiel Bildung, Erziehung und Strafverfolgung?

Den Lehrern/Beratern, die am Leitfaden teilnahmen, wurde eine Reihe von Interviewfragen gestellt. Um zu ermitteln, welcher Teenagertyp am ehesten einem Internet-Verführer zum Opfer fällt, wurde ihnen die folgenden Fragen gestellt.

1. Welche Umstände führen Ihrer Meinung nach bei Teenagern, die jemanden im Internet treffen, am ehesten zu sexuellen Treffen?
2. Wie treffen Teenager Ihrer Meinung nach am ehesten Leute im Internet (zum Beispiel in einem Chat-Raum, via MySpace™, Facebook® oder auf komplett anderem Weg)?

3. Welche Rolle spielt Ihrer Meinung nach die Persönlichkeit eines Teenagers (zum Beispiel introvertiert, extrovertiert oder etwas völlig anderes) dabei, ob sie einen Verführer im Internet treffen werden?
   a. Glauben Sie, dass ein introvertierter Teenager eher einen Verführer anzieht?
   b. Glauben Sie, dass ein extrovertierter Teenager eher einen Verführer anzieht?
4. Bitte teilen Sie mit mir Ihre Meinung zu der Rolle, die die Befriedigung von Teenagern (zum Beispiel Sex, Gesellschaft, Selbstbewusstsein oder etwas anderes) darin spielt, ob ein Teenager einen Internet-Verführer treffen wird?
5. Demographische Daten
   a. Geschlecht (männlich oder weiblich)
   b. Anzahl der Kinder
   c. Ethnizität

Um mögliche Lösungen für das Problem zu suchen, wurden die Interviewten schließlich um ihre Meinung gebeten, welche Unterstützung am ehesten hilft (zum Beispiel elterliche Aufsicht, bessere Strafverfolgung, bessere Highschool-Curricula oder anderes, um den Kontakt von Teenagern mit Internet-Verführern zu verhindern) und ob es in Ordnung sei, sie zu kontaktieren, wenn es nachfolgende Fragen gibt?

Skizze der Unwägbarkeiten

Größes des Gebiets. Das breite theoretische Gebiet, mit dem sich diese Forschungsarbeit befasst, ist der soziale Wandel oder ein Paradigmenwechsel unter den Teenager, der durch die Internet-Revolution hervorgerufen wurde. Das Internet schafft ein neues globales soziales Paradigma. Laut Greenfield und Zheng (2006) werden Werte von Teenagern wie die Frage, mit wem sie sich identifizieren, wie sie mit sexuellen Bedürfnissen umgehen und wie sie ihr Selbstbewusstsein steigern, in Chat-Räumen und via Facebook®, MySpace™ und Twitter© ausgelebt.

In der Vergangenheit mögen Teenager ihre Identität durch die Kreuzung der Hauptstraße an einem Freitagabend etabliert haben, aber nun begründen sie ihre Identität auf Internetseiten sozialer Netzwerke wie Facebook®, MySpace™ and Twitter©. Erwachsene Eltern, die das Internet seltener als Teenager nutzen, müssen das Risiko sexueller Ausbeutung, der Teenager im Internet ausgesetzt sind, verstehen. Teenager nutzen auch Internet-basierte Werkzeuge wie Chat-Räume und Instant-Messaging häufiger als Erwachsene, was sie mehr in Kontakt mit Internet-Verführern bringen könnte. Die Häufigkeit der Internet-Nutzung durch Teenager und die Arten von Werkzeugen, die genutzt werden, könnten Faktoren sein, die sexuelle Übergriffe auf Teenager im Internet beeinflussen.

Unüberwindbare Lücke. Bisher existiert keine Studie, die spezifisch die Rolle des Entwicklungsverhaltens von Teenagern in Fällen von Internet-Vergewaltigungen untersuchte. Die Rolle, die eine introvertierte oder extrovertierte Persönlichkeit im Phänomen sexueller Übergriffe auf Teenager im Internet spielt, ist noch nicht vollständig erforscht. Doch das Interesse daran, ob ein Teenager wahrscheinlicher oder weniger wahrscheinlich einen

Verführer im Internet basierend auf Introvertiertheit/Extrovertiertheit trifft, wächst.

Annahmen

Burns und Grove (2001) konstatierten, dass die Identifizierung und Angabe der Rahmenbedingungen einer Studie notwendig sind, weil Annahmen ein Potential für Einseitigkeit und Missverständnis darstellen. Sie beeinflussen auch die Logik der Studie. Eine besondere Herausforderung war, wie die Teilnehmer der Vertraulichkeit und Anonymität ihrer Antworten versichert werden konnten, so dass sie Interviewfragen ehrlich beantworten sollten, wenn sie ihre Meinung zu gemachten Erfahrungen mitteilten; diese Ehrlichkeit ist eine Annahme der Studie. Zusätzliche Annahmen beinhalteten, dass die Teilnehmer Opfer sexueller Übergriffe von Teenagern im Internet kannten, wie sie in diesem Leitfaden definiert sind, und Vertreter der Lehrer/Berater-Bevölkerung waren.

Eine weitere Annahme war, dass die Teilnehmer ein Verständnis von Befriedigung und Bedürfnissen von Teenagern haben mussten. Laut Benner (1194) sind Annahmen in qualitativen, phänomenologischen Designstudien wichtig, weil diese Studien die Teilnehmer einbinden – im Gegensatz zum gelösten Teilnehmer-Objekt-Ansatz, der in der quantitativen Forschung genutzt wird. Es wurde angenommen, dass die Teilnehmer Interviewfragen so verstehen und interpretieren würden, wie sie geschrieben sind. Das Verständnis ist dreigeteilt, – (a) ein allgemeines Weltwissen, (b) eine Sichtweise, die man aufgrund seines Hintergrundes hat und schließlich (c) eine Erwartung über die Interpretation (Benner, 1994)

Phänomenologische Studien müssen laut Shank (2002) so konzipiert sein, dass sie „persönliche" Annahmen bezüglich der Realität (S. 95) in Betracht ziehen, und gleichzeitig anerkennen, dass es viele Sichtweisen auf die Realität gibt. Schließlich setze ich voraus, dass die Teilnehmer verstehen, was soziale Netzwerke und Chat-Räume sind. Ich setze auch voraus, dass die Teilnehmer grundsätzliche Bedürfnisse wie nach Aufmerksamkeit, Freundschaft und Sex verstanden. Eine besondere Annahme wurde auch dahingehend gemacht, dass die Teilnehmer eine introvertierte und extrovertierte Persönlichkeit von Teenagern erkennen konnten.

Nutzen

Dieser Leitfaden ergänzt die wachsende Menge an Literatur über die sexuellen Übergriffe auf Teenager und die Wege, dieses Phänomen zu verhindern. Die Stichprobe konzentriert sich auf Lehrer/Berater, die mit Teenagern gearbeitet haben, die von jemandem, den sie im Internet trafen, sexuell belästigt wurden. Die Erweiterung des Wissens über die Risikofaktoren bei den Übergriffen auf Teenager im Internet und die Bedeutung der elterlichen, erzieherischen und strafverfolgungstechnischen Unterstützung in der Prävention dieses Phänomens ist ein Nutzen, den man aus dieser Forschungsarbeit ziehen kann. Eine phänomenologische Untersuchung von Persönlichkeitstypen von Teenagern, die wahrscheinlicher zu Treffen mit Verführern im Internet führen und die Art der Maßnahmen, die am ehesten diese Treffen verhindern können, wird Einsichten zu Wegen, um Teenager während ihrer Nutzung des Internets zu schützen, zufügen.

Einschränkungen

Die Befragten wurden nicht stichprobenartig ausgewählt, was eine Einschränkung ist. Auswahlkriterien für diese phänomenologische Studie war nur, dass die Personen bereit waren, ihre Erfahrungen mit dem untersuchten Phänomen zu beschreiben (Burns & Grove, 2001). Eine weitere Einschränkung war, dass nur diejenigen Lehrer/Berater, die bereit waren, ihre Meinung zu sexuellen Übergriffen auf Teenager im Internet mitzuteilen, kontaktiert wurden. Diejenigen, die nicht bereit waren, teilzunehmen, wurden nicht kontaktiert. Gilgun (2005) erwähnte besonders Probleme in Verbindung mit qualitativer Forschung, die „Generalisierbarkeit, Subjektivität und Sprache" (S. 40) beinhalten. Diese Schwierigkeiten können in diesem Leitfaden auftreten sein und sie werden hiermit identifiziert. Das geographische Gebiet, in dem die Studie ausgeführt wurde, beschränkt die Aussagekraft der Ergebnisse, weil die einzigartige Strafverfolgung und die Programme für mentale Gesundheit und Erziehung, die im Gebiet dieser Stadt im mittleren Westen der USA verfügbar sind, an anderen Orten nicht verfügbar sein könnten.

Die Teilnehmer konnten das Interview zu jeder Zeit abbrechen. In einem solchen Fall wurden die Informationen des Teilnehmers nicht in diesen Leitfaden integriert. Subjektivität wurde während des Interviews minimiert, indem der Interviewer die Informationen des Teilnehmers nicht wertete und der modifizierten Van Kaam-Methode folgte. Durch die Anwendung der modifizierten Van Kaam-Methode und dem Beharren auf Nichtbewertung der Informationen des Teilnehmers wurden Subjektivitätseinschränkungen reduziert. Schließlich ist zu berücksichtigen, dass der männliche Forscher sowohl männliche als auch weibliche Teilnehmer befragte.

Abgrenzungen

Laut Critchlow (2005) muss der Geltungsbereich einer Studie eingeschränkt werden, indem aufgelistet wird, was nicht in die Studie einbezogen wurde oder was nicht mit ihr beabsichtigt wurde. Der Leitfaden hat keine Informationen über spezifische Personen der Sozialarbeit, Dienstleister oder Agenturen bewertet oder ihre Programme adäquat reflektiert, dies war auch nicht das Ziel der Studie. Vielmehr werden die Informationen hier als ein beschreibender, persönlicher Bericht aus der Sicht der Teilnehmer mitgeteilt. Eine zweite Abgrenzung ist, dass der Leitfaden nicht darauf abzielt, vollständige oder quantitative Daten über die Charakteristiken von Teenagern oder sozialer Bedürfnisse, insbesondere von jugendlichen Opfern sexueller Übergriffe im Internet, zu liefern.

Definition der Begriffe

Introvertiertheit. Introvertiertheit ist definiert als die Tendenz einer Person, lieber alleine zu sein als in großer Gesellschaft und lieber ruhig zu reflektieren als sozial zu interagieren (Peter et al., 2005).

Extrovertiertheit. Extrovertiertheit bezieht sich auf die Neigung einer Person, Gesellschaft und soziale Interaktion zu suchen (Peter et al., 2005).

Reiche-werden-reicher-Hypothese. Die Reiche-werden-reicher-Hypothese konstatiert, dass das Internet vorwiegend extrovertierten Personen nutzt. Da im Internet leichter Kontakte geschlossen werden kann, können sich die größeren sozialen Kompetenzen von extrovertierten Personen voll entwickeln und die Bildung von Internet-Freundschaften erleichtern (Peter et al., 2005).

Sozial-Kompensations-Hypothese. Die Sozial-Kompensations-Hypothese konstatiert, dass aufgrund reduzierter Zuhörerschaft, visueller Reize und aufgrund der Anonymität das Internet introvertierte Leute in den Stand versetzt, ihre schwächeren sozialen Kompetenzen zu kompensieren (Peter et al., 2005).

Sexuelle Aufforderungen und Annäherungen. Sexuelle Aufforderungen und Annäherungen beinhalten Aufforderungen sich sexuell zu betätigen oder an sexuellen Gesprächen zu beteiligen oder persönliche sexuelle Information gewollt oder ungewollt zu geben, hier werden diejenigen Aufforderungen betrachtet, die von einem Erwachsenen ausgehen (Taylor, Caeti, Loper, Fritsch & Liederbach, 2006).

Aggressive sexuelle Aufforderungen. Aggressive sexuelle Aufforderungen beinhalten sexuelle Aufforderungen, die Kontakt mit dem Täter jenseits des Internets durch reguläre Post, per Telefon oder persönlich einschließt bzw. der Versuch einer solchen Aufforderung (Taylor et al., 2006).

Schikane. Schikane ist die Bedrohung oder anderes anzügliches Verhalten (nicht sexuelle Aufforderungen), das im Internet an den Jugendlichen geschickt oder im Internet über den Jugendlichen an andere weitergegeben wird. Nicht alle diese Vorfälle wurden von den Jugendlichen, die diese erfuhren, als negativ oder quälend empfunden (Taylor et al., 2006).

Quälende Vorfälle. Quälende Vorfälle waren Episoden, die Jugendliche selbst als sehr oder extrem unangenehm oder beängstigend im Ergebnis des Vorfalls einstuften. (Taylor et al., 2006).

Cyber-Misshandlung. Cyber-Misshandlung ist ein Begriff, der eine weite Bandbreite von aggressiven Aktivitäten im Internet umfasst, inklusive Mobbing, Nachstellen, sexuelle Ansuchen und Pornographie (Mishna, McLuckie & Saini, 2009).

Kindersex-Tourismus. Die Vereinten Nationen (UN) definieren Kindersex-Tourismus (CST) als organisierten Tourismus (dessen Natur viele Aktivitäten umfasst), der die kommerzielle sexuelle Ausbeutung von irgendjemandem unter 18 Jahren erleichtert (Patterson, 2007).

Zusammenfassung

Die Vergewaltigung von Teenagern im Internet ist ein negativer Auswuchs der Internet-Revolution. Allerdings gibt es sehr wenig Forschung bezüglich den Auswirkungen der Teenager-Entwicklung zu diesem Phänomen. Diese Forschungsarbeit untersucht die Rolle, die die Teenager-Entwicklung in Fällen von Teenager-Vergewaltigung im Internet spielt. Die Forschungsergebnisse können wichtig sein für Schulleiter und Strafverfolgungsleiter, um Curricula zu entwickeln, die in der Prävention von Teenager-Vergewaltigung im Internet hilfreich sind. Die Forschung beinhaltete Interviews mit 25 Lehrern/Beratern in einer Stadt im mittleren Westen der USA, die mit Teenagern gearbeitet haben, die eine sexuelle Beziehung mit jemandem erfuhren, den sie im Internet kennenlernten. Die Interviews bestanden aus offenen Fragen, Fragen nach den potentiellen Gründen des Phänomens, über die Wahrscheinlichkeit, dass jemand Opfer wird und potentielle Wege zur Reduzierung des Problems der Teenager-Vergewaltigung im Internet. Kapitel 2 ist ein Überblick über die neueste Literatur, die sexuelle Übergriffe von Teenagern im Internet behandelt. Der Überblick behandelt weiterhin (a) die Rolle des Teenager-Verhaltens, (b) die Rolle des Alters von Teenager und Verführer, (c) Seiten sozialer Netzwerke und (d) die bestehende Wissenslücke zum Phänomen des Sex von Teenagern im Internet.

Kapitel 2: Gegenwärtige Literatur

Die vorliegende Literatur behandelt die gegenwärtige Literatur zum Phänomen sexueller Übergriffe auf Teenager. Um einen umfassenden Überblick der gegenwärtigen Literatur zu liefern, präsentiert das Kapitel eine systematisch die Literatur zur Forschung über das Phänomen sexueller Übergriffe auf Teenager im Internet. Dieses Kapitel beinhaltet auch Material, das von Bedeutung für die Forschungsfrage ist, wie das Verhalten von Teenagern im Internet zur Reduzierung der Wahrscheinlichkeit von Treffen mit Verführern im Internet beitragen kann.

Auch ein historischer Überblick der Literatur, die das Phänomen sexueller Übergriffe auf Teenager im Internet erläutert hat, ist enthalten. Dieses Kapitel behandelt Material, das die Rolle von introvertierten und extrovertierten Teenager-Persönlichkeiten bei Übergriffen auf Teenager im Internet erläutert. Eine allgemeine Diskussion zu Teenager-Persönlichkeiten und zur Frage, wie ihr Verhalten zur Wahrscheinlichkeit, einen Verführer im Internet zu treffen, beiträgt, wird ebenfalls behandelt.

Dieses Kapitel beinhaltet eine Diskussion zu spezifischen sozialen Netzwerken und Werkzeugen wie Facebook®, MySpace™, Twitter© und Chat-Räumen und die Rolle, die diese dabei spielen, die Chance von Teenager-Kontakt mit Internet-Verführern zu steigern. Die Untersuchung dieses Literaturüberblicks behandelt acht Themengebiete: der internationale Umfang der Internet-Übergriffe auf Teenager, wachsende Internetnutzung durch Teenager, die Rolle des Teenager-Verhaltens, die Rolle der Anonymität, die Rolle des Alters bei sexuellen Übergriffen auf Teenager, soziale Vernetzung von Teenagern im Internet, Internet-Verführer und Lücken in der Literatur.

Unterabschnitte in einigen Themengebieten beschreiben weitere Aspekte und für den Leitfaden relevante Punkte. Die Unterabschnitte unter dem Teenager-Verhalten sind wie folgt definiert: Befriedigung, introvertierte und extrovertierte Persönlichkeiten. Die Unterabschnitte unter dem Teenager-Verhalten definieren die Rolle des Alters bei sexuellen Übergriffen auf Teenager inklusive des Alters von Opfern und Verführern. Unterabschnitte unter dem Thema der sozialen Vernetzung von Teenagern im Internet sind:

soziale Webseiten und Chat-Räume. Unterabschnitte des Themas ‚Wissenslücken' beinhalten: Lücken in der Strafverfolgung, Bildungslücken und Lücken in der elterlichen Erziehung. Weitere Gebiete, die in der Literatur erläutert werden, sind für das Phänomen der Übergriffe auf Teenager im Internet von Bedeutung, inklusive die Kinderpornographie und mögliche in der Literatur diskutierte Lösungen. Die Unterabschnitte der Literaturbesprechung werden in dem unten stehenden Baumdiagramm erläutert.

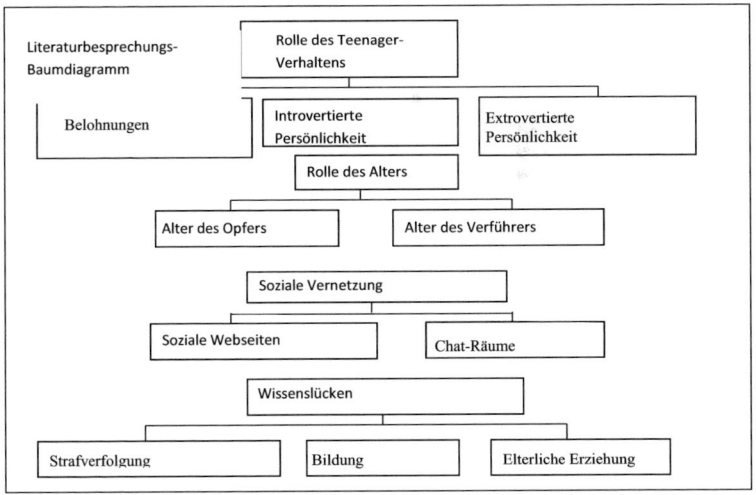

Abbildung 1. Literaturbesprechungs-Baumdiagramm

Die Literaturbesprechung beinhaltet Datenbank-Suchen in professionellen, von Kollegen begutachteten Magazinen zu Aspekten der Übergriffe auf Teenager im Internet, zu Internet-Verführern sowie zu gegenwärtigen Gesetzen, die entworfen wurden, um Kinder, die das Internet nutzen, zu schützen. Weitere abgerufene Literaturquellen beinhalten von Kollegen begutachtete Artikel zu qualitativer Forschung und Phänomenologie, ebenso wie Texte, die Forschungsmethoden, sozialwissenschaftliche Forschung, qualitative Forschung und Texte zur Theorie der sozialen Unterstützung behandeln. Schließlich vergleicht und kontrastiert das Kapitel auch Literatur, die zwei Sichtweisen des Phänomens der Übergriffe auf Teenager im Internet beinhaltet.

Eine Sichtweise legt den Schwerpunkt auf den Teenager und die Gestaltung des Teenager-Verhaltens, um sexuelle Übergriffe im Internet zu verhindern. Die andere Sichtweise legt den Schwerpunkt auf den Internet-Verführer, indem sein oder ihr Verhalten und mögliche Schritte identifiziert wurden, die zur Verhinderung seines oder ihres Treffen mit Teenagern herangezogen werden können.

Internationaler Umfang der Übergriffe auf Teenager im Internet

M. Fusilier (2008) gab an, dass die USA damals die größte Zahl der Internet-Nutzer jedes Landes in der Welt besaßen und dass es die zweithöchste Penetrationsrate nach Schweden (74.3%) gefolgt von Australien (65.4%) hatte. Internet-Verbrechen werden zunehmend ein internationales Phänomen. Laut Nair (2006) vervierfachte sich die Zahl der Menschen in Großbritannien, die aufgrund von Kinderpornographie im Internet verwarnt oder angeklagt wurden, zwischen 2001 und 2003 (Nair, 2006).

Laut neuerer Schätzung von Gartner besaßen 2003 nur 9% der in Westeuropa verkaufen Mobiltelefone integrierte Kameras (Nair, 2006). Integrierte Kameras werden oft genutzt, um pornographische Fotos zu schießen und sie im Internet hoch zu laden. Es wurde hochgerechnet, dass die Zahl der integrierten Kameras auf 45% im Jahr 2005 und 66% im Jahr 2006 anstieg.

Fotos könnten persönliche und ortsbezogene Details der Zielperson enthüllen – zum Beispiel den Namen der Schule oder des Parks, die das Kind regelmäßig besuchen könnte. Bei unangemessener Verteilung könnten diese Informationen in die Hände von Verführern, die Kontakt mit Kindern suchen, geraten (Nair, 2006). Wie die Zahl der Internetnutzer steigt auch die Zahl der Internet-Kriminellen, die mit Kinderpornographie handeln. Während die Zahl der Internetkriminellen international wächst, steigt sie auch weiter in Amerika.

Wang, Bianchi, & Raley (2005) gaben an, dass das Internet schon bald mit dem Fernsehen als wichtigstes Medien-Outlet in amerikanischen Familien konkurrieren könnte. Ähnlich dem Bewertungsverfahren für das Fernsehen, das Kinder unter 18 Jahren vor schädigendem Material schützt, könnte ein System entwickelt werden, um Kinder vor den schädlichen Auswirkungen des Internet zu schützen. Das Internet stellt neue Herausforderungen an die Fähigkeit der Eltern, die Nutzung ihrer Kinder zu überwachen angesichts der Tatsache, dass 64% der Online-Teenager sagen, dass sie mehr über das Internet als ihre Eltern wissen und 66% der Eltern dem zustimmen (Wang et al., 2005).

Erzieher, Eltern, Psychologen und die Strafverfolgung benötigen Wissen, um Eltern beim Schutz ihrer Kinder vor schädigendem Material und Kriminellen im Internet zu unterstützen. Laut Gallagher (2008) deuten Berichte an, dass Hunderte von Kindern jedes Jahr zum Zweck sexueller Ausbeutung nach Großbritannien verkauft werden. Laut Forschung in den letzten fünf Jahren überschreiten Internetnutzung der Teenager und sexuelle Übergriffe im Internet internationale Grenzen (Gallagher, 2008).

Das Internet erlaubt der Kommunikation, sowohl nationale als auch internationale Grenzen zu überschreiten. Neueste Literatur berichtet, dass sexuelle Misshandlung von Kindern im Internet ein großes Problem in Großbritannien wird (Gallagher, 2008). Stathopulu, Hulse und Canning (2003) gaben an, dass Gemeinde-Kinderärzte im wachsenden Maße darum gebeten werden, Expertenmeinungen zu Kinderpornographie im Zusammenhang mit ‚Sex-Tourismus', zumeist in südostasiatischen Ländern, abzugeben.

Das Internet wird oft genutzt, um Aktivitäten zur Ausbeutung von Kindern zu organisieren. So hat laut Rambaree (2008) zum Beispiel Mauritius geschätzte 2.600 Kinder-Prostituierte und ist ein Quellen- und Zielland für Kinderhandel zum Zweck kommerzieller sexueller Ausbeutung. Verführer nutzen das Internet nicht bloß, um Teenager vor Ort zu kontaktieren. Sie nutzen das Internet auch national und international, um Netzwerke untereinander zu organisieren und zu kontrollieren.

Laut White (2004) spielen Technologien zur Informationskommunikation wie das Internet eine besonders wichtige Rolle nicht nur in der Förderung und Verpackung von Sexreisen, sondern auch bezüglich einer neuen Art der globalen Überwachung von Körpern, Rasse und Verlangen. Kinder werden nicht nur direkt von Verführern im Internet ausgebeutet. Kriminelle nutzen das Internet auch, um internationale Ringe zur Ausbeutung von Kindern zu organisieren. Bedrohungen von Verführern im Internet kommen nicht nur von lokalen oder nationalen Nutzern. Bedrohungen können von überall auf der Welt kommen.

Wachsende Internet-Nutzung der Teenager

Das Internet ist gewaltig gewachsen seit den 1990er Jahren. Das Internet hat sich von einfachen Webseiten hin zu sozialen Webseiten wie Facebook®, MySpace™ and Twitter© ausgedehnt. Die Nutzung von Kommunikationsanwendungen im Internet inklusive E-Mails und Textnachrichten hat sich in den letzten Jahren enorm ausgedehnt.

Shannon (2008) fand heraus, dass die Expansion in der Internetnutzung in der Mitte der 1990er Jahre ein weitgehend unüberwachtes Forum für Kontakte zwischen Erwachsenen und Kindern geschaffen hat. Die wenigen existierenden Studien zeigen, dass im Jahr 2003 32% einer national repräsentativen Strichprobe von Kindern zwischen 9 und 16 Jahren berichteten, dass jemand mit ihnen über Sex im Internet sprach, wenn sie dies nicht wollten (Shannon, 2008). In den letzten Jahren schufen diese Technologien eine neue soziale Umgebung im Internet.

Laut Taylor, Caeti, Loper, Fritsch, & Liederbach (2006) ist die Nutzung des Internets für Ausbeutung, Nachstellen und Obszönität substanziell seit 1990 gestiegen. Da sexuelle Übergriffe im Internet rapide zugenommen haben, hat die Forschung und Datensammlung in diesem Gebiet nicht Schritt gehalten. In einer repräsentativen Schulbefragung von 15-Jährigen, die im Jahr 2005 durchgeführt wurde, fand der schwedische nationale Rat für Verbrechensprävention heraus, dass leicht über 30% der Jugendlichen berichteten, dass sie während der vergangenen 12 Monate das Ziel einer Form von sexuellem Kontakt von einer unbekannten Person geworden seien, von dem sie wussten oder glaubten, dass dies ein Erwachsener sei (Shannon, 2008).

Wie die Nutzung des Internets wächst auch die Ausbeutung von Kindern im Internet. Laut Loughlin und Taylor-Butts (2009) könnte der wachsende Zugang zu Technologie das Risiko von sexueller Ausbeutung von Kindern und Jugendlichen im Internet steigern. Laut Wells und Mitchell (2007) nutzen Teenager oft soziale Netzwerke und Chat-Räume als ein Mittel, um mit Freunden zu kommunizieren, neue Leute zu treffen und sich zu unterhalten. Teenager tendieren eher dazu, sich über das Internet zu kontaktieren als Erwachsene. In der neuesten Literatur fanden Mishna, McLuckie und Saini (2009) heraus, dass die Rolle der Informationstechnologie sich mit jeder Generation vervielfacht.

In der Zukunft wird Kommunikationstechnologie wie Mobiltelefone, soziale Netzwerke und Chat-Räume eine noch größere Rolle für Teenager und Erwachsene spielen. Bemühungen der Strafverfolgung und Bildung über durch die Nutzung der Technologie begangene Verbrechen könnte exponentiell ausgedehnt werden. Das Internet hat zu einer neuen Reihe von Verbrechen geführt, die vor 15 Jahren nicht existierten. Kennison (2005) gab an, dass Verbrechen, die das Internet involvierten, vor 15 Jahren praktisch gänzlich unbekannt waren, als dieses neue Medium der Kommunikation Anfang der 1990-er Jahre eingeführt wurde.

Mit jeder Generation wächst die Zahl der Personen, die das Internet nutzen, und mit diesen wächst die Zahl der Internet-Verführer und Kinder-Pornographie-Nutzer im Internet. Rimington und Gast (2007) argumentieren, dass das rapide Wachstum des Internets, das im Jahr 1993 initiiert wurde, sich bis auf den heutigen Tag fortsetzt. Das Internet hat den Horizont der Jugendlichen erweitert. Mithilfe des Internets können die Erfahrungen eines Kinds weit über seine oder ihre Gemeinschaft hinausgehen.

Der Kinder-Verführer kann jemand sein, der nebenan lebt oder jemand, der im nächsten Landkreis oder Staat wohnt. Im Allgemeinen hat das Internet die Kommunikation verändert. Gallagher (2005) argumentierte, dass die Technologie drastisch die Art, in der wir miteinander kommunizieren und mehr generell interagieren, verändert hat. Es ist nicht ungewöhnlich, mit jemandem quer über die Stadt, das Land oder den Globus zu kommunizieren. Sowohl die berufliche als auch die persönliche Kommunikation hat sich für Kinder und Erwachsene geändert.

Globale Kommunikationen und das Internet haben die Zahl und Typen von Individuen gesteigert, mit denen Kinder kommunizieren können. Das Risiko der Aussetzung von Kindern an Pornographie und Ausbeutung ist zusammen mit dem Aufstieg des Internets gewachsen. Laut der neuesten Literatur, die mit der Nutzung des Internets verknüpft ist, sind sexuelle Übergriffe ein Risiko, dem Teenager ausgesetzt sind.

Am Wichtigsten unter diesen sind die Risiken, vor denen Kinder stehen, wenn sie die Zielpersonen von Pornographie werden oder dieser ausgesetzt werden (und die Möglichkeiten, über das Internet für sexuellen Missbrauch vorbereitet zu werden) (Gallagher, 2005). Die globale Natur des Internets hat auch das Risiko eines Kindes gesteigert, einen Verführer zu treffen. Die neueste Literatur deutet an, dass Ausbeutung von Kindern im Internet nun die Aufmerksamkeit der Medien erregt hat. Laut Wolfe & Higgins (2008) ist der Aufforderung an Kinder um Sex seit Kurzem öffentliche und mediale Aufmerksamkeit gewidmet worden.

Die Fernsehshow ‚Predator Raw' auf MSNBC™ ist eines der Programme, die die von Verführern angewandten Taktiken, um Teenager zum Sex zu bitten, entlarvt. Laut dem ‚Harvard Mental Health Letter' (2008) haben vier von fünf Teenagern Zugang zu einem Mobiltelefon, BlackBerry, persönlichem Datenassistenten oder Computer. Internet-Verführer können Teenager erreichen, indem sie mit ihnen über ihre Mobiltelefone chatten oder ihnen eine E-Mail oder ein Bild zu ihrem BlackBerry oder Computer schicken.

Diese Internet-Geräte eröffnen neue Wege, mit Teenagern zu interagieren und diese auszubeuten. Laut der Literatur gab es vor 1990 nur wenige Berichte über Kinderhandel. Um 1990 gab es erste, aber noch wenige Berichte von Sexhandel von Kindern in Nachrichtenberichten und Magazinartikeln (O'Grady, 2001). Sexuelle Übergriffe auf Teenager im Internet sind ein relativ neues Phänomen.

Vor zwanzig Jahren gab es sehr wenige Hinweise darauf, dass Ausbeutung von Kindern im Internet existierte. Laut CioInsight (2007) zerschlug die Polizei in Großbritannien im Juni 2007 einen globalen pädophilen Ring im Internet mit 700 Mitgliedern und rettete mehr als 30 Kinder vor dem Missbrauch. Das Internet ist eine Medienquelle, die von internationalen Pädophilen-Organisationen genutzt wird, geworden. Pädophile aus 35 verschiedenen Ländern wurden von der Polizei ins Visier genommen für die Verteilung von pornographischen Fotos von Kindern (CioInsight, 2007).

Die Literatur hat sich auf die Übergriffe auf Teenager oder Kinder im Internet konzentriert, weil die Nutzung des Internets durch Teenager dramatisch gewachsen ist und dieses neue Phänomen schneller entstanden ist als die Gesellschaft Wege entwickelt hat, dieses zu kontrollieren. Neueste Studien geben an, dass Heranwachsende Online-Kommunikation mehr als Erwachsene nutzen. Heranwachsende verbringen mehr Zeit im Internet und treffen Personen mit größerer Wahrscheinlichkeit online als Erwachsene. Ob ein Teenager introvertiert oder extrovertiert ist oder ob er Zeit in Online-Chat-Räumen oder bei Facebook®, MySpace™ und Twitter© verbringt, könnte die Wahrscheinlichkeit steigern, dass sie jemanden dort treffen, sei es Freund oder Feind.

Teenager verbringen eine Menge Zeit damit, im Internet Freunde zu finden. Laut Forschung kann es eine Rolle bei diesen Online-Freundschaften spielen, ob Teenager introvertiert oder extrovertiert sind. Introvertierte Teenager, die nicht in der Lage sind, außerhalb des Internets Beziehungen zu finden, können sie im Internet suchen. Das Internet kann auch ein Weg für introvertierte

Teenager sein, nicht nur Freundschaften aufzubauen, sondern auch sexuelle Beziehungen.

Das Internet wird in zunehmendem Maße als Markt für sexuelle Aktivität genutzt. Laut der neuesten Literatur machen Zugänglichkeit, Erschwinglichkeit und Anonymität das Internet äußerst reizvoll (Rimington & Gast, 2007). Teenager, die im Internet sexuelle Aktivität suchen, könnten möglicherweise Internet-Verführern zum Opfer fallen.

Wachsende im Internet verbrachte Zeit für sexuelle Aktivität kann zu Cybersex-Missbrauch und erzwungenem Cybersex-Verhalten führen (Rimington & Gast, 2007). Teenager können im Internet auch eine Reihe von verschiedenen Identitäten kreieren und viele Personen treffen. Laut neuesten Erkenntnissen beeinflussen Computer und das Internet den menschlichen Informationsaustausch. Computer verändern die Qualität des Informationsaustauschs. Steinberg (2009) gibt an, dass der ursprünglich geographisch verortbare Diskurs zu einer entrückten, ortsfreien Zone geworden ist, die ungebunden von Zeit, Ort oder persönlicher Geschichte ist. Internet-Verführer können Teenager zu jeder Zeit und von jedem Ort aus treffen, während sie online sind.

Neueste Forschung zeigt, dass dieser Informationsaustausch oft zu sexuellem Ansuchen im Internet führt. Internet-Verführer können weniger eingeschränkt durch Zeit, Raum und persönliche Informationen über ein potentielles Opfer sein als Verführer, die physische Mittel nutzen, um ihre Opfer zu kontaktieren. Neueste Literatur zeigt, dass der Computer und das Internet die neue Grenze sind. Wie bei anderen Grenzen könnten verletzbare Personen Schutz vor Verführern haben. Der Stückeschreiber Sam Shepherd adressiert die sich wandelnde Natur der Selbstreflektion und des Ausdrucks: ‚Der Kampf der Nationen ist beendet'. Nun verläuft die Front zwischen den Computern, daher ist der Krieg eine interne Sache geworden (Steinberg, 2009).

Der anfängliche physische Kontakt zwischen Verführer und Teenager liegt nicht in der Kontrolle von Strafverfolgung und Eltern, weil der anfängliche Kontakt zwischen Verführer und Teenager oft im Internet hergestellt wird, durch soziale Webseiten, Chat-Räume oder Chatten. Die Strafverfolgung muss sich auf die Daten konzentrieren, die zwischen dem Teenager und dem Verführer ausgetauscht werden, nachdem anfänglicher Kontakt im Internet hergestellt ist. Das ist ein Beispiel für die durch das Internet verursachten kulturellen Kommunikationstransformationen, an die sich Erzieher, Eltern, Psychologen und die Strafverfolgung anpassen können.

Die kulturelle Transformation der Kommunikation beeinflusst Sprache, sozialen Verkehr und Haltungen gegenüber einem selbst, andere (sofern von Bedeutung) und die globale Gemeinschaft (Steinberger, 2009). Die vom Internet verursachte kulturelle Transformation hat die Sprache um neue Wörter oder Abkürzungen ergänzt, zum Beispiel bester Freund ist nun „BF". Wir texten und verschicken nun E-Mails aneinander anstatt Briefe zu schreiben.

Identität für Teenager wird teilweise auf Facebook®, MySpace™ and Twitter© entschieden und weniger während traditioneller Ereignisse wie z.b. in den USA auf dem Abiturabschlussball. Laut der neuesten Literatur spielt der Anstieg der Internetverwendung durch Teenagern eine Rolle im Anstieg von sexuellem Missbrauch und Ausbeutung. Laut Choo (2009), nutzten 55% aller amerikanischen Teenager zwischen 12 und 17 Jahren, die in einer damals neuen Studie befragt wurden, soziale Netzwerke wie Facebook®, MySpace™ und Twitter©.

Chat-Räume und soziale Webseiten können ein Mittel zum sexuellen Missbrauch und zur Ausbeutung werden. Zwischen 2000 und 2005 stieg die Internetnutzung für Kinder zwischen 12 und 17 Jahren von 56% auf 87%. Verführer haben nun Zugang zu dieser verletzlichen Bevölkerung (Wells & Mitchell, 2007). Im Prinzip könnten Sex-Verführer im Internet Zugang zu schätzungsweise 55% der amerikanischen 12- bis 17-Jährigen haben. Teenager brauchen Unterstützung, um sich selbst zu schützen, wenn sie diese neue elektronische Technologie nutzen.

Sie könnten Vorsichtsmaßnahmen anwenden, wenn sie soziale Netzwerke wie Facebook®, MySpace™ und Twitter© nutzen, um mit Freunden zu kommunizieren. Laut Dombrowski, Gischlar, & Durst (2007) berichteten 98% der Kinder zwischen 11 und 19 Jahren, dass sie das Internet wöchentlich nutzen, um mit Freunden zu chatten, Hausarbeiten zu komplettieren oder als eine Form der Unterhaltung. Angesichts der großen Zahl von Kindern, die das Internet nutzen, könnte mehr über das Verhalten von Kindern im Internet in Erfahrung gebracht werden, um Teenager vor potentiellen Verführern zu schützen. Trotz neuester Studien, die die bedeutende Nutzung des Internets durch Teenager enthüllen, existieren sehr wenige Erziehungsprogramme, die Teenager instruieren, wie sie das Internet sicher nutzen.

Trotz der Gefahr von Verführern im Internet wurden Sicherheitsinstruktionen nur an 36% der Kinder gegeben, die behaupteten, regelmäßige Nutzer zu sein (Dombrowski et al., 2007). Mehr Wissen zum Phänomen sexueller Übergriffe auf Teenager im Internet könnte gewonnen und verteilt werden, auf dem das Curriculum aufgebaut werden kann, um Kinder schützen zu helfen, während sie im Internet sind. Neuere Literatur hat auch Sorgen verstärkt, dass ausgedehnte Nutzung des Internets die Teenager von Freunden und Familienmitgliedern isolieren könnte (Wang et al., 2005).

Jüngere Literatur hat gezeigt, dass angesichts von 10 Millionen Nutzern unter 18 Jahren im Internet etwas getan werden könnte, um sie vor Verführern zu schützen. Das Internet wird zu einem neuen Treffpunkt für sexuelle Verführer. Die alte Methode, Teenager an einer Straßenecke oder dem Spielplatz zu treffen, hat sich für den Pädophilen geändert. In einer neuesten Studie wurde eine Stichprobe von 1.501 regelmäßigen Internetnutzern im Alter zwischen 10 und 17 Jahren interviewt (Taylor et al, 2006). Der Leitfaden enthüllte, dass manche der Teenager im Internet für Sex angesprochen und zu Sex aufgefordert worden waren.

Studien haben gezeigt, dass einer von 33 Teenagern extreme schwere sexuelle Aufforderungen erhalten hat: sie wurden darum gebeten, sich an Orten zu treffen, erhielten Telefonanrufe, erhielten Post, Geld oder Geschenke (Taylor et al., 2006). Teenager werden nicht nur auf traditionellen Wegen um Sex gebeten, sondern sie werden auch im Internet beeinflusst. Die jüngere Forschung hat herausgefunden, dass 25% der Jugendlichen im Leitfaden von Beziehungen mit Fremden in Chat-Räumen oder sozialen Netzwerken berichteten (Peter et al., 2005). Diese Freundschaften entwickeln sich auf

Seiten wie Facebook®, MySpace™ und Twitter©. Die jüngere Forschung stützt die Soziale-Kompensations-Hypothese.

Die Rolle des Teenager-Verhaltens

Belohnung. Laut Greenfield und Zheng (2006) reichen die Belohnungen aus diesen Kommunikationsmedien [dem Internet] von globaler Führungserfahrung über Identität und Sexualität bis hin zu Selbstverletzung und Selbstkonzeption. Belohnung ist ein Motiv oder Bedürfnis, dass von Identität und Sexualität bis hin zu Selbstverletzung und Selbstkonzeption reicht. Belohnung spielt eine wichtige Rolle in der Teenager-Entwicklung. Belohnung kann positiv sein - zum Beispiel bei der Heranbildung von Identität, Sexualität oder Führungsfähigkeiten. Sie kann auch negativ sein hinsichtlich selbstdestruktiven Verhaltens (Greenfield & Zheng, 2006). Das Internet kann die Teenager-Entwicklung beeinflussen. Die Identität eines Heranwachsenden kann teilweise konstruiert werden, wenn der Teenager ein Profil auf Facebook®, MySpace™ und Twitter© erstellt. Ihre Sexualitätsdynamik wird teilweise dadurch bestimmt, wen sie auf diesen Seiten treffen und mit wem sie dort kommunizieren.

Eine der Schlüsselerkenntnisse der Nutzen-und-Belohnungs-Forschung hat sich auch als einflussreich für Internet-Forschung erwiesen: Leute nutzen das Internet für verschiedene Ziele und die Konsequenzen dieser Nutzung variieren abhängig von diesen Zielen (Peter et al., 2005). Nicht nur suchen Teenager Belohnung aus Beziehungen im Internet, sondern auch Verführer suchen im Internet nach Belohnung. Dies präsentiert das Potential für Teenager, ungewollt mit Verführern zu chatten, während sie sexuelle Belohnung suchen. Der Verführer kann versuchen, direkt den Teenager in eine sexuelle Beziehung zu locken oder ihn für künftige sexuelle Treffen zu verführen. Teenager werden verletzlicher für sexuelle Übergriffe im Internet, wenn sie online Freundschaften mit Fremden schließen (Mishna et al., 2009). Teenager, die Beziehungen im Internet suchen, sind besonders anfällig für Teenager-Verführer im Internet.

Introvertierte Teenager. Die neueste Literatur konzentriert sich auf zwei Hypothesen; die eine ist die Soziale-Kompensations-Hypothese und die andere die Reiche-werden-reicher-Hypothese. Die sogenannte Reiche-werden-reicher-Hypothese gibt an, dass das Internet hauptsächlich extrovertierten Personen Nutzen bringt (Peter et al., 2005). Diese beiden Theorien befassen sich mit der Frage, ob introvertierte oder extrovertierte Teenager eher dazu neigen, ungesunde Beziehungen im Internet einzugehen, während sie versuchen, ihr Bedürfnis nach Gesellschaft zu erfüllen.

Gemäß der Sozial-Kompensations-Hypothese werden introvertierte Leute inklusive Teenager größere Befriedigung beim Nutzen des Internets finden, weil sie dort ihre schwächeren sozialen Kompetenzen kompensieren können (Peter et al., 2005). Sozial verunsicherte Jugendliche werden oft weniger gern gemocht als weniger verunsicherte Gleichaltrige, tendieren nicht dazu, mit einer Peergruppe verbunden zu sein und berichten auf einem niedrigeren Level von Gemeinschaft und Intimität (Desjarlais & Willoughby, 2010). Introvertierte Teenager sind eher geneigt, Beziehungen im Internet zu bilden als extrovertierte Teenager (Peter et al., 2005).

Introvertierte Teenager werden häufiger im Internet kommunizieren als Extrovertierte und werden konsequenterweise mehr Online-Freunde finden als Extrovertierte (Peter et al., 2005). Der Mangel an visuellen Hinweisen auf einen individuellen Gesprächspartner kann die Fantasien der Teenager darüber, wen sie im Internet treffen, verstärken. Im Internet fehlen visuelle Hinweise, die Teenager dabei helfen könnten, zu beurteilen, wer vertrauenswürdig und aufrichtig ist und wer nicht.

Der Mangel an visuellen Hinweisen könnte auch dazu führen, dass Teenager über mögliche Partner fantasieren (Well & Mitchell, 2007). Teenager könnten über einen Partner desselben Alters, den sie im Internet treffen, fantasieren, wenn der Partner tatsächlich ein erwachsener Verführer sein könnte. Da sie die Personen, mit denen sie im Internet kommunizieren, nicht gesehen haben, können Teenager über die Person, mit der sie kommunizieren, fantasieren. Ein möglicher Verführer könnte falsche Fotos schicken und über seine Identität lügen, um den Teenager in eine sexuelle Beziehung zu locken. Laut der Literatur kommunizieren introvertierte Teenager häufiger im Internet als extrovertierte Teenager. Im Prinzip neigen Introvertierte mehr dazu, Online-Freundschaften zu bilden. Gewachsene Online-Kommunikationen von

Teenagern könnten ungewollt zu mehr Kommunikationen mit Online-Verführern führen.

Extrovertierte Teenager. Die Reiche-werden-reicher-Hypothese, die ebenfalls in den neuesten Studien erläutert wird, legt nahe, dass extrovertierte Teenager es einfacher finden, Beziehungen im Internet aufzubauen als introvertierte Teenager (Peter et al., 2005). Die sogenannte Reiche-werden-reicher-Hypothese gibt an, dass das Internet in erster Linie extrovertierten Personen nutzen wird. Die starken sozialen Kompetenzen eines extrovertierten Teenagers könnten ihn möglicherweise in Beziehungen im Internet ziehen. Personen, die sich bereits in sozialen Situationen wohl fühlen, können den Computer nutzen, sowohl persönlich als auch online, um zusätzliche Gelegenheiten zum Kontakte knüpfen aufzuspüren (Desjarlais & Willoughby, 2010). Sie können Belohnung verspüren zu wissen, dass sie leicht in Chat-Räumen und sozialen Netzwerken leicht Freunde finden können.

Rolle der Anonymität

Die Anonymität des Internets erlaubt sowohl dem Verführer als auch dem Opfer, ihre wahre Identität zu verstecken und die Rolle von jemand anderem anzunehmen. Gemäß der neuesten Literatur ist Internet-Kommunikation unmittelbar und anonym. Vor dem Internet waren die Mittel zu kommunizieren wie Magazine und Zeitungen weder so unmittelbar noch so anonym (Contemporary Sexuality, 2002). Teenager können sofortiges Feedback und Belohnung von Fremden, die sie in Chat-Räumen treffen, erhalten. Neueste Studien deuten an, dass die Anonymität des Internets die Bildung von Beziehungen im Internet ermutigt.

Sowohl der Verführer als auch der Teenager kann die Anonymität des Internets nutzen, um Identität und angemessenes Verhalten zu verstecken. Dank der Anonymität in Chat-Räumen und in sozialen Netzwerken nutzen Internet-Verführer diese, um Kinder auszubeuten, ihnen nachzustellen und sie sexuell anzugreifen. Die empfundene Anonymität, die das Internet gewährt, schafft die Gelegenheit für bestimmte Kriminelle, auszubeuten, nachzustellen und elektronisch Sexverbrechen zu begehen (Taylor et al., 2006). Der

Internet-Verführer, der sich als anonym in Chat-Räumen empfindet, kann sich eine Identität schaffen, die er/sie dann nutzt, um Teenager für Sex auszubeuten. Jüngere Literatur beschäftigt sich mit der Rolle, die Anonymität in Online-Beziehungen und bei sexuellen Übergriffen auf Teenager spielt. Die durch die Internet-Kommunikationen gelieferte Anonymität schafft günstige Bedingungen für Erwachsene, die sich wünschen, manipulative Beziehungen mit Kindern zu entwickeln (Shannon, 2008). Internet-Verführer nutzen diese günstigen Bedingungen, die durch die Anonymität in Chaträumen geschaffen wird, um Kinder um Sex zu bitten.

Die Rolle, die das Alter spielt

Alter der Teenager-Opfer. Jüngere Kindern scheinen weniger anfällig für Kinder-Verführer im Internet zu sein als Teenager. Der Kontakt scheint weniger verbreitet unter jüngeren Kindern zu sein, aber wird im wachsenden Maße üblich, wenn die Kinder ihren Teenager-Jahren nahekommen (Shannon, 2008). Während die Kinder ihre Teenager-Jahre erreichen, werden sie anfälliger für Internet-Verführer. Mehr als drei Viertel der anvisierten Jugendlichen (77%) waren 14 oder älter (Taylor et al., 2006). Das Internet und die sexuellen Übergriffe auf Teenager im Internet existieren global. Eine große Zahl der Kind weltweit nutzt das Internet und die Mehrheit der Teenager nutzt es zumindest einmal am Tag.

Eine neueste Studie der medialen Gewohnheiten von schwedischen Kindern fand heraus, dass 95% der 12- bis 16-Jährigen das Internet nutzen und dass 54% das Internet jeden Tag nutzen (Shannon, 2008). Diese Forschung konzentriert sich auf Teenager, weil die Forschung entdeckt hat, dass Teenager verletzlich sein können, was sexuelle Übergriffe im Internet angeht. Schätzungen der Zahl der Kinder, die von Online-Verbrechen, Kinder-Ausbeutung, Missbrauch und anderen Internet-bezogenen Verbrechen betroffen sind, variieren beträchtlich.

Eine Schätzung beziffert die Kinder, die in den USA zur Prostitution gezwungen werden, auf 100.000 bis drei Millionen (Taylor et al., 2006). Eine große Zahl dieser Kinder gelangt über das Internet zur Prostitution. Die

Literatur in den letzten fünf Jahren deckte auf, dass die Mehrheit der Teenager unangemessene Sprache im Internet antraf. Obwohl dieses Verhalten nicht immer zu sexuellen Übergriffen führt, ist es die Sprache, die von Verführern genutzt wird, um Teenager zu verführen. Eine neueste Tine/CNN-Meinungsumfrage von 409 Teenagern zwischen 13 und 17 Jahren zeigte, dass 66% der Mädchen und 54% der Jungen mit Leuten in Kontakt waren, die anzügliche Dinge zu ihnen im Internet gesagt hatten (Taylor et al., 2006).

Alter der Verführer. Finkelhor, Mitchell und Wolak führten im Jahr 2000 eine Jugend-Internet-Sicherheitsumfrage durch, in der sie eine national repräsentative Stichprobe von 1.501 Jugendlichen im Alter zwischen 10 und 17 befragten, die das Internet regelmäßig nutzen (Taylor et al., 2006). Junge Erwachsene zwischen 18 und 25 Jahren waren die größte Altersgruppe, die Kinder im Internet zu Sex aufforderten. Diejenigen älter als 25 Jahre machten nur 4% aus (Taylor et al., 2006).

Soziale Vernetzung von Teenagern im Internet

Soziale Netzwerke und Kommunikationsanwendungen des Internets haben zu einer neuen Form der sozialen Interaktion geführt. Gemäß der Literatur der letzten fünf Jahre stützen sich Beziehungen im Internet auf Fantasie und nicht auf Realität. Das Internet schafft interaktive Möglichkeiten, die niemals zuvor so existieren konnten, aber pflegt auch einen „falschen Eindruck der Verbundenheit und Intimität, der uns von der realen Arbeit, die verlangt wird, um Beziehungen zu bilden, befreit" (Steinberger, 2009, S. 199). Ahnungslose Teenager können einen falsche Eindruck der Verbundenheit und Intimität von einem Internet-Verführer erhalten, mit dem sie in Chat-Räumen und in sozialen Netzwerken kommunizieren. Die gegenwärtige Literatur deutet an, dass die Mehrheit der Teenager, die soziale Netzwerke nutzen, Profile erstellen, die Informationsquelle für Verführer sein könnten.

Soziale Webseiten. Gesetzesgeber sind sich den Gefahren, denen Kinder durch Internet-Verführer auf Webseiten sozialer Netzwerke ausgesetzt sind bewusst und sie versuchen in wachsendem Maße, das Problem zu adressieren. MySpace.com (MySpace™), das 10 Millionen Nutzer unter 18 Jahren hat, sah sich dem Druck ausgesetzt, seine Kontrollen zu steigern und mehr zu tun, um Kinder vor Internet-Verführern zu schützen. (Internet Law, 2008). Teenager können sich unschuldig für Konten in sozialen Netzwerken registrieren, nur um zu erfahren, dass Verführer sie bald, nachdem sie ein Konto eröffnet haben, ins Visier nehmen.

Soziale Netzwerke sind Online-Plätze, wo Internet-Verführer Teenager treffen können, ihr Vertrauen gewinnen und sie ködern, sich persönlich zum Sex zu treffen. Internet-Verführer können wertvolle Informationen von sozialen Webseiten wie Facebook®, MySpace™ und Twitter© nutzen, um Teenager zu treffen und an sich zu binden. Informationen wie Alter, Hobbys, Geschmack und Fotos sind wertvoll für den Online-Verführer. Online-Profile in sozialen Netzwerken sind bequem verfügbare Informationsquellen, die Verführer nutzen können, um Teenager auszukundschaften (Wolak et al., 2008).

Chat-Räume. Gemäß der von Subrahmanyam, Greenfield und Tynes (2004) im Herbst 2001 durchgeführten Kaiser-Familien-Stiftungsumfrage partizipierten unter den Jugendlichen zwischen 15 und 17 Jahren 71% an Chat-Räumen. Anonymous (2005) erklärt, dass junge Leute, die Teenager-Chat-Räume nutzen, sich der Tatsache bewusst sein müssen, dass diese Chat-Räume von älteren Männern ins Visier genommen werden, die verführerisch und manipulativ sind. Personen inklusive Teenagern können Chat-Räume betreten ohne ihre wahre Identität zu enthüllen.

Ein wichtiges Merkmal der Chat-Räume ist ihre anonyme Natur (Subrahmanyam et al., 2004). Das hohe Gericht in Edinburgh hörte, dass Sharkey (33) zwei Mädchen zu Treffen köderte und ernsthafte sexuelle Attacken auf sie ausführte, nachdem er [in einem Chat-Raum] als Teenager-Junge posiert hatte (Anonymous, 2005). Die meisten Chat-Raum-Teilnehmer nutzten nicht ihre wirklichen Nahmen. Obwohl die Teilnehmer sich zuerst bei einem Chat-Anbieter registrieren müssen, geben die meisten Nutzer wahrscheinlich nur fiktive Details über sich selbst an (Subrahmanyam et al., 2004).

Die Nutzer wählen dann ein Pseudonym oder einen Spitznamen, um ihn online zu nutzen. Als Teil des Registrierungsprozesses muss ein Nutzer einen Bildschirmnamen oder Spitznamen wählen, der sichtbar ist, wenn er/sie in einem Chat-Raum ist (Subrahmanyam et al., 2004). Sharkey aus der Grougar-Straße in Kilmarnock schickte sogar ein Foto eines Jungen, als er die Treffen mit zwei Teenager-Mädchen arrangierte (Anonymous, 2005). Teens können sich von Chat-Räumen angezogen fühlen, weil sie eine Internet-Technologie sind, die ihnen erlaubt, anonym Kontakte zu knüpfen. Die Anziehung von Teenagern zu Chat-Räumen kann sie für Internet-Verführer anfällig machen. Da Online-Chat-Räume gleichaltrige Interaktion mit einem populären Medium kombiniert, können sie besonders geeignet für sexuelle Erkundung von Heranwachsenden sein (Subrahmanyam et al., 2004).

Die Literatur hat dem Verhalten von Internet-Verführen eine große Menge an Aufmerksamkeit gewidmet. Computer-Sex-Straftäter durchstreifen häufig Chat-Räume und versenden sexuell eindeutiges Material im Internet, um Kontakt mit jungen Kindern und Teenagern zu schließen. (Taylor et al., 2006). Anfänglicher Kontakt kann indirekt beginnen und zu Treffen mit dem Teenager führen. Chat-Räume und Chats sind ebenfalls Kommunikationswerkzeuge des Internets, die Verführern Zugang zu Teenagern erlauben. Der Internet-Verführer kann eines der Werkzeuge oder beide nutzen, um einen Dialog oder ein Gespräch mit Teenagern zu beginnen. Neueste Studien haben herausgefunden, dass in der nationalen Umfrage von Jugendlichen im Alter zwischen 10 und 15 Jahren ungefähr jeder fünfte von elektronischer Belästigung im vergangenen Jahr berichtete (The Harvard Mental Health Letter, 2008).

Internet-Verführer

Internet-Verführer nutzen diese neue Form der sozialen Interaktion, das Internet, als einen neuen Weg, um ihr verführerisches Verhalten zu praktizieren. In der Vergangenheit beuteten Erwachsene Kinder aus, die sie an Plätzen wie Klassenräumen, auf Spielplätzen oder bei familiären Zusammenkünften trafen. Sex-Straftäter, die zuvor persönlich oder durch die Nutzung von Telefonsex Sexverbrechen gegen Teenager begingen, begehen derzeit diese Verbrechen mit Hilfe des Internets.

Das Aufkommen des Internets hat die Art verändert, mit der Verführer Kindern nachstellen. Traditionelle Strafverfolgungsmethoden zur Verhinderung von Kinderbelästigung wie die Überwachung von Spielplätzen werden im wachsenden Maß weniger effektiv. Das Internet erlaubt Individuen, auf Wegen zu kommunizieren, die in der Vergangenheit unüblich waren. Themen und sensible Gebiete, die selten im persönlichen Kontakt zwischen Freunden diskutiert werden, werden oft offen im Internet diskutiert.

Teenager, die nach sexuell explizitem Dialog und Gespräch suchen, können Chat-Räume wählen, wo diese Art der Sprache genutzt wird. Internet-Verführer können diesen Typ von Chat-Räumen ebenfalls wählen in der Hoffnung, Teenager zu finden, die sie ausbeuten können, wenn sie diese Art der Sprache nutzen. Laut ‚Contemporaty Sexuality' (2002) sagen manche Experten, dass das Internet Leute mit Nischen-Interessen bestätigt, egal ob legal oder nicht, durch seine Fähigkeit, ein Forum gleichgesinnter Leute zu versammeln. In einem Chat-Raum kann ein Internet-Verführer versuchen, sein oder ihr Verhalten zu rechtfertigen, indem er/sie sagt, dass dort jeder dasselbe tut.

An Orten im Internet wie Chat-Räumen wird eine große Zahl von Teenager auf Online-Sex angesprochen. Jährlich wird einer von fünf Jugendlichen von Leuten, die man im Internet trifft, auf sexuelle Beziehungen angesprochen oder zu diesen aufgefordert (Wolfe & Higgins, 2008). Die Auswirkungen der Ausbeutung eines Kindes im Internet können Jahre anhalten. Sexuelle Übergriffe können sowohl körperlich als auch mental sein. Mit ausgedehnter Zeit vor dem Computer und im Internet kann ein Kind langzeitliche Misshandlung von sexuellen Verführern im Internet erleiden.

Während die Zahl der Teenager, die sexuellen Übergriffen auf Teenager im Internet zum Opfer fallen, steigt, steigt auch die Zahl der überführten Verführer. Laut Burgess, Mahoney, Visk und Morgenbesser (2008) stieg der Anteil von überführten Sex-Straftätern, die zum Gefängnis verurteilt wurden von 81% im Jahr 1996 auf 96% im Jahr 2006. Der Anstieg der Verurteilungen von Kinder-Sex-Straftätern im Jahr 2006 könnte darauf hindeuten, dass die Strafverfolgung beginnt, dieses Thema anzupacken. Neueste Studien haben gezeigt, dass Internet-Verführer oft Personen sind, die Autoritätspositionen gegenüber ihren Opfern haben.

Die größte Beschäftigungskategorie von Internet-Straftätern in den in den Medien berichteten Fällen waren Autoritätspositionen wie eine Fachkraft, ein Lehrer, ein Geistlicher und ranghöherer Militär (Burgess et al., 2008). Jüngere Studien deuten an, dass Verführer Nutzen aus diesem neuen Medium – dem Internet – ziehen, um Teenager auszubeuten. Studien haben gezeigt, dass Teenager Aufforderungen zum Sex von Leuten erhalten, die sie im Internet treffen. Eine Telefonumfrage unter [amerikanischen] Internetnutzen im Alter zwischen 10 und 17 Jahren fand heraus, dass 13% eine Art der sexuellen Aufforderung im Internet im vergangenen Jahr erhielt, inklusive 4%, die aggressive Aufforderungen erhielten, in denen der Werber versuchte, außerhalb des Internets Kontakt herzustellen (The Harvard Mental Health Letter, 2008).

Studien haben auch gezeigt, dass Verführer oft Teenager im Internet langsam und mit Methode ansprechen. Laut Sharpe (2009) beteiligen sich Internet-Sex-Verführer trotz der involvierten Risiken, inklusive Verhaftung und Verfolgung, weiterhin an Verhalten, dass auf ein typisches gemeinsames Ziel abzielt: sexueller Kontakt mit einem Minderjährigen außerhalb des Internets. Sie verbringen Zeit mit Teenagern, während sie versuchen, enge Beziehungen mit ihnen aufzubauen. Mehr aggressive Verführer werden Zeit damit verbringen, enge Beziehungen mit verletzlichen Kindern zu entwickeln. Der perverse Robert Sharkey präparierte seine Opfer im Internet, ehe er zuschlug

(Anonymous, 2005). Manche Internet-Verführer können pornographische Fotos schicken, um ihre Opfer in eine sexuelle Beziehung zu locken. Sie können auch anhand ihrer Facebook®- oder MySpace™-Seite endecken, was der Teenager mag und ihnen diese Sachen schicken, um sie zum Sex zu motivieren.

Der Internet-Verführer kann versuchen, die Identität des Teenagers aufzuwerten, indem er sie mit netten Worten überschüttet. Sie können dann mit ihnen auf ihrer Seite in Familien-Streitigkeiten mitfühlen und schließlich den Teenager von einem Treffen für Sex überzeugen. Internet-Verführer werden versuchen, Wege zu finden, das Vertrauen des Teenagers zu gewinnen, das Kind von seiner oder ihrer Familie zu entfremden und schließlich versuchen, ein Treffen zu arrangieren, in dem das Kind hereingelegt wird (Taylor et al., 2006). Neueste Literatur hat aufgedeckt, dass Verführer oft Teenager mit Fotos und sexuell expliziter Sprache zu sexuellen Treffen lockten oder köderten.

Kinder-Verführer können auch das Internet oder Chats nutzen, um Drohungen oder versprochene Belohnungen für sexuelle Gefälligkeiten zu kommunizieren. Neueste Literatur hat entdeckt, dass Verführer oft versuchen, Teenager mit konstantem Druck, sexuelle Handlungen zu begehen, mürbe zu machen versuchen. Mit Hilfe von Web-Kameras und der Übermittlung von Fotos im Internet können Verführer versuchen, Teenager zur Teilnahme an sexueller Aktivität zu verlocken. Manche wurden „mürbe gemacht" durch den konstanten Druck, wie durch ein Mädchen bewiesen, dass konstatierte: „Ich hatte genug davon, dass er mich bedrohte und mich bat, also zog ich mein Hemd aus" (Mishna et al., 2009).

Verführer können Bilder und Text vom vorangegangenen sexuellen Verhalten eines Teenagers, das auf Facebook®, MySpace™ und Twitter© platziert wird, nutzen, um den Teenager zu weiterer sexueller Aktivität zu nötigen. Laut DeFranco (2011) mangelt es Kindern jeden Alters an emotionaler Reife. Sie brauchen auch Aufmerksamkeit und Bestätigung. Nötigung ist manchmal eine von einem Verführer genutzte Taktik. Internet-Verführer schienen bereitwillig vorangegangene sexuelle Handlungen als Mittel zu nutzen, Kinder und Jugendliche zu neuen Handlungen zu bewegen (Mishna et al., 2009). Teenager können durch die Angabe persönlicher Informationen wie die Nutzung von Drogen anfällig für Internet-Verführer anfällig werden. Neueste Entdeckungen zeigen, dass Internet-Verführer oft versuchen, ihre Teenager-Oper mit Drogen zu sexuellen Treffen zu nötigen.

Kinder und Jugendlichen schrieben, dass die älteren Männer oft illegale Substanzen wie Marijuana oder Crystal [Methadon] Meth nutzen, um Jugendliche auf sexuelle Begegnungen einzustimmen (Mishna et al., 2009). Die Angabe persönlicher Informationen im Internet wie Drogennutzung können Verführern Informationen geben, die sie nutzen können, um Teenager in sexuelle Beziehungen zu locken. Neueste Studien haben auch manche der mentalen Charakteristiken des Verführers aufgedeckt.

Internet-Verführer haben tendenziell eine abnormale Haltung gegenüber Kindersexualität ebenso wie die emotionale Entwicklung eines Kindes. Bundesagenten warnten, dass scheinbar freundliche Webseiten wie MySpace oder Facebook oft von sexuellen Verführern als Opfer-Verzeichnisse genutzt werden (Wolak et al., 2008). Die Internet-Sex-Verführer fühlen nicht mit Kindesmissbrauchsopfern mit. Bates und Metcalf (2007) gaben an, dass die Internet-Gruppe niedrigere Bewertungen im Hinblick auf sexualisierte Haltungen gegenüber Kindern, emotionale Kongruenz mit Kindern und Empathie-Störungen bezüglich Opfern von Kindesmissbrauch erzielten.

In manchen Studien zeigten Internet-Verführer manche Charakteristiken, die ähnlich denen von anderen sexuellen Verführern waren; diese Charakteristiken waren nicht explizit (ausschließlich) diejenigen eines sexuellen Missbrauchers. Obwohl Internet-Verführer sehr wenig Mitgefühl für Kinderopfer haben, gehen sie nicht so weit, dass sie sexuellen Missbrauch von Kindern befürworten. Die Forschung, die sich darum bemüht, weitere Details über das Verhalten von Internet-Verführen aufzudecken, geht kontinuierlich weiter.

Die Malesky-Studie (2007) gab an, dass die Internet-Aktivität von 31 Männern, die Kontakt-Sex-Straftaten gegenüber Minderjährigen, mit denen sie über das Internet kommunizierten, verübten oder dies versuchten, untersucht wurde, um ein besseres Verständnis dieses Verhaltens zu gewinnen. Internet-Verführer versuchen, Teenager zu locken oder zu ermutigen, sich schließlich für Sex zu treffen. Diese Internet-Verführer sind bereit, hunderte von Kilometern zu fahren, um Teenager zu treffen, die sie im Internet kennengelernt haben (Taylor et al., 2006).

Das Phänomen sexueller Übergriffe auf Teenager im Internet unterscheidet sich vom traditionellen Kindesmissbrauch, dass es nicht länger von jemandem vor Ort begangen wird. Verführer legen nun lange Distanzen zurück und überschreiten sogar Staats- und Landesgrenzen, um ihre Opfer zu treffen. Schließlich hat die neueste Forschung entdeckt, dass manche Sex-Straftäter im Internet so weit gegangen sind, Flugtickets an Kinder zu verschicken, um sie für ein Treffen über das Land fliegen zu lassen (Taylor et al., 2006). Geschichten über Internet-Sex-Straftäter und wie sie ihre Opfer kontaktieren sind oft Teil der Berichterstattung. Populäre Fernsehshows haben die Techniken, die Internet-Verführer nutzen, um Teenager in sexuelle Beziehungen zu locken, aufgezeigt.

Kinder-Pornographie

Laut Ashley (2008) hat eine im Jahr 2006 von der Abteilung für Jugendgerechtigkeit und Kriminalitätsprävention des amerikanischen Justizministeriums (OJJDP) durchgeführte Studie angedeutet, dass das Verbrechen der Ausbeutung sich ins Internet verlagert hat. Die Forschung zur Ausbeutung könnte ebenfalls ihren Schwerpunkt auf elektronische Medien, z.B. das Internet verlagern. Im vergangenen Jahrzehnt ist der Sexualstraftäter vom sexuellen Missbrauch hin zu Kinder-Pornographie und Ausbeutung gewandert. Diese Wanderung ist in erster Linie das Ergebnis einer wachsenden Nutzung des Internets. Das hauptsächliche Sex-Ausbeutungs-Delikt, das an [amerikanische] Staatsanwälte überwiesen wird, verlagerte sich vom sexuellen Missbrauch (73%) im Jahr 1994 zu Kinder-Pornographie (69%) im Jahr 2006 (Burgess et al., 2008).

In der Literatur vorgeschlagene Lösungen

Strafverfolgungs-Personal, Erzieher, Psychologen und Eltern könnten neue Strategien entwickeln, um diese neue Form der Beziehung für den Kindes-Verführer zu bekämpfen, da laut Stanley (2001) die gesellschaftliche und elterliche Wachsamkeit nicht kräftig genug ausgedehnt wurde, um Kinder über die Gefahren des Internets aufzuklären. Strafverfolgungsbeamte mangelt es an Wissen und Ausrüstung, um die Straftäter im Internet zu verfolgen, aber im wachsenden Maße werden nationale Einheiten errichtet, um dieses Problem zu adressieren (Stanley, 2001). Ein Führungsmodell zu sexuellen Übergriffen auf Teenager im Internet, das aus den zuvor genannten erwachsenen Rollenmitgliedern besteht, wurde in diesem Leitfaden entwickelt, um die Interaktion dieser Mitglieder zu beschreiben (siehe Abbildung 2). Erzieher, Eltern, Psychologen und Strafverfolgung brauchen realistische Strategien, um solche Beziehungen zu verhindern. Wenn einige junge Leute sexuelle Aktivitäten mit Erwachsenen eingehen, die sie im Internet treffen, können Erzieher, Eltern, Psychologen und Strafverfolgung laut Hines und Finkelhor (2007) nicht effektiv sein, wenn sie voraussetzen, dass all diese Beziehungen mit einem verführerisch oder kriminell geneigten Erwachsenen beginnen.

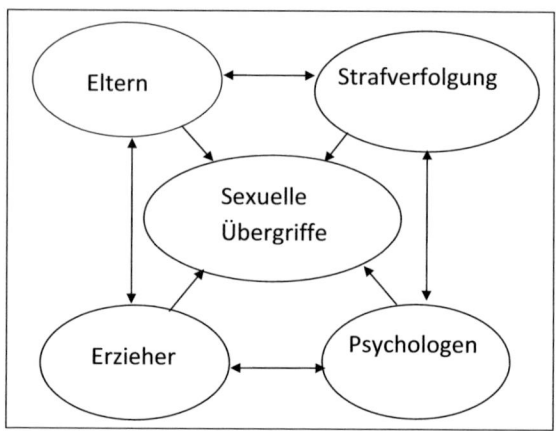

Abbildung 1. Modell zu sexuellen Übergriffen auf Teenager im Internet

Gegenwärtige Gesetze

Die Gestaltungen der gegenwärtigen Gesetze schützen sowohl den Teenager vor Übergriffen im Internet als auch Webseiten vor gesetzlicher Haftung. Die gegenwärtigen Gesetze haben festgestellt, dass die Besitzer von Chat-Räumen und sozialen Netzwerken wie Facebook®, MySpace™ und Twitter© nicht strafrechtlich verfolgt werden können, wenn Internet-Verführer illegales Material auf ihren Webseiten verschicken. Eine Gerichtsentscheidung befreite MySpace™ von gesetzlicher Verantwortung. Schon § 230 des Kommunikationsanstandsgesetzes (CDA) gewährt sozialen Netzwerken effektiv umfassende Immunität gegen alle Schadenersatzansprüche (Internet Law, 2008). Internet-Dienstleister (ISP) werden nicht dafür verantwortlich gemacht, was Nutzer auf ihren Seiten hochladen, aber sie versuchen oft, verdächtige Aktivität auf ihren Webseiten zu identifizieren und zu berichten.

Obwohl die meisten Internet-Dienstleister versuchen, illegale Aktivitäten auf ihren Seiten zu identifizieren, ist es nicht immer möglich, einen Verführer von jemandem, der eine legale Aktivität in einem sozialen Netzwerk betreibt, zu unterscheiden. Gesetzte, die die Verteilung von Kinder-Pornographie untersagen, werden auch genutzt, um sexuelle Übergriffe auf Teenager zu verhindern. Eine sexueller Verführer kann Pornographie im Versuch nutzten, einen Teenager zu verführen. Das Gesetz untersagt den Transfer von obszönem Material an Minderjährige und steigert Strafen für Delikte gegen Kinder und für Wiederholungsstraftäter (Taylor et al., 2006).

Internet-Verführer, die obszöne Fotos und Material hochladen, um von Minderjährigen Sex zu erbeten, tun etwas Illegales. Für diejenigen, die dies wiederholt tun, wird die Bestrafung wachsend schärfer. Gesetze wie das erwähnte Kommunikationsanstandsgesetz (CDA) versuchen auch, das Phänomen sexueller Übergriffe auf Teenager im Internet einzudämmen, indem sie es illegal machen, pornographisches Material über Staats- und Landesgrenzen zu handeln. Die gegenwärtigen Gesetze untersagen bereits das Verschicken von Kinder-Pornographie über Staats- und Landesgrenzen. Sie untersagen auch das Reisen über diese Grenzen in der Absicht, Sex mit einem Kind zu haben.

Im Jahr 1994 dehnte der amerikanische Kongress das Mann-Gesetz aus, indem er das Kinder-Sex-Missbrauchs-Präventionsgesetz verfügte (Taylor et al., 2006). Dieses Gesetz kann der Strafverfolgung dabei helfen, Verführer dingfest zu machen, die Teenager treffen, die sie im Internet verführt haben. Dieses Gesetz ermächtigt das Justizministerium, jeden, der in den USA über Staats- und Landesgrenzen reist, um sich an sexueller Aktivität mit Kindern zu beteiligen, zu bestrafen (Taylor et al., 2006).

Obwohl das Internet viele Grenzen und Beschränkungen eliminiert hat, ist es illegal für Internet-Verführer, Staatsgrenzen zu überqueren, um sich an Sex mit Minderjährigen zu beteiligen, die sie um Sex gebeten haben. Die Fernsehshow ‚To Catch a Predator', die Internet-Verführer entlarvt, nutzt oft Gesetze, die explizite sexuelle Konversationen mit Teenagern im Internet untersagen. Laut Hansen (2012) hat die Show freiwillige Experten der Organisation ‚Perverted-Justice', die im Internet vorgeben, Kinder zu sein. Sie betreten Webseiten wie MySpace™ und Teenspot, soziale Netzwerke, und warten darauf, von Erwachsenen, die nach Sex suchen, angesprochen zu werden (Hansen, 2012). Diese Erwachsene werden dann von der Strafverfolgung festgenommen, da sie schädigende Kommunikation Minderjährigen verfügbar machen wollten.

Das Kinder-Online-Schutzgesetz (COPA) untersagt es jedem, mithilfe einer kommerziellen Webseite wissentlich eine Kommunikation, die „schädigend für Minderjährige" ist, Minderjährigen unter 17 Jahren zu kommerziellen Zwecken zugänglich zu machen (Taylor et al., 2006). Es ist illegal, sexuell explizite Sprache zu nutzen, wenn man mit jemandem unter 18 Jahren in Chat-Räumen oder sozialen Netzwerken wie Facebook®, MySpace™ und Twitter© kommuniziert. Die gegenwärtigen Gesetze machen die Produzenten von illegalem Inhalt und nicht die sozialen Netzwerke für pornographische Kommunikation mit Teenagern verantwortlich. Erzieher, Eltern, Psychologen und Strafverfolgung benötigen zusätzliche Informationen, um Internet-Verführer und pornographische Kommunikation im Internet besser zu verstehen.

Mehr Forschung ist notwendig, um diese Art der Kommunikation zu identifizieren und zu verhindern. § 230 unterscheidet zwei Arten der Immunität. § 230(c) (i) erklärt:„Kein Anbieter oder Nutzer eines interaktiven Computerdienstes soll als Urheber oder Sprecher irgendeiner Information, die von einem anderen Anbieter des Informationsinhalts geliefert wird, behandelt werden" (Law, 2008, S. 18). Gemäß diesem Gesetz sind Internet-Dienstleister, die nicht die tatsächlichen Sprecher oder Autoren von sexuell expliziter Sprache sind, nicht verantwortlich für die Nutzung der Sprache auf ihren Webseiten. Webseiten sind nicht primär verantwortlich dafür, Kommunikation auf ihren Seiten zu verhindern, die zu sexuellen Übergriffen auf Teenager führen. Der Erwachsene, der für die Sicherheit des Teenagers verantwortlich ist, ist teilweise verantwortlich dafür, pornographische Kommunikation mit dem Teenager im Internet zu verhindern.

Erzieher, Eltern, Psychologen und Strafverfolgung benötigen Daten, um Teenager dazu zu ermächtigen, verantwortlich zu handeln, wenn sie auf diesen sozialen Webseiten interagieren. Gerichte haben entschieden, dass soziale

Webseiten wie Facebook® und MySpace™ nicht verantwortlich sind für die Prävention von Treffen Erwachsener mit Teenagern für Sex auf ihren Webseiten. Im Fall Doe gegen MySpace™ befand kürzlich ein amerikanisches Bezirksgericht, dass MySpace™ nicht für unterlassene Prävention des Verhaltens haftbar war, als MySpace™-Mitglieder Kinder kontaktierten und sexuell angriffen. Soziale Netzwerke sind nicht verantwortlich für illegale Aktivität, die derer sie sich nicht bewusst sind, aber sie sind verpflichtet, Aktivitäten zu berichten, die sie aufdecken.

Das Gesetz zum Kinderschutz und zur Bestrafung von sexuellen Verführern aus dem Jahr 1998 thematisiert spezifisch die Aspekte der Schikane von Kindern im Internet (Taylor et al., 2006). Obwohl Internet-Dienstleister primär nicht für Kommunikation verantwortlich sind, die zu Übergriffen auf Teenager im Internet führen können, sind sie gemäß dieser Gesetzgebung dafür verantwortlich, Informationen bezüglich illegaler Handlungen, die sie aufdecken, auszuhändigen. Diese Daten können von Forschern dazu genutzt werden, die Summe der Informationen zum Phänomen sexueller Übergriffe auf Teenager zu ergänzen.

Internet-Dienstleister können nicht länger Kinder-Pornographie auf ihren Webseiten ignorieren. Das Gesetz ergänzt das Kindesmissbrauchs-Gesetz von 1990, indem es Internet-Dienstleister dazu verpflichtet, Hinweise auf Kinder-Pornographie-Delikte den Strafverfolgungsbehörden zu berichten (Taylor et al., 2006). Kommunikation im Internet mit einem Kind, bei der pornographische Sprache verwendet wird, ist illegal. Es ist nun Sache der Strafverfolgung, Wege zu finden, Übertreter dieser Statuen zu entdecken und zu verfolgen. Das Kommunikationsanstandsgesetz versucht, dieses Interesse [Kinder vor möglicherweise schädigenden Materialien zu schützen] zu verfolgen, indem es einen großen Teil der Kommunikation, auf dessen Sendung und Erhalt Erwachsene ein verfassungsmäßiges Recht haben, unterdrückt (Taylor et al., 2006). Vollstreckung der gegenwärtigen Gesetze ebenso wie Bildung sind beides Werkzeuge in der Prävention von pornographischer Kommunikation und von Ausbeutung von Kindern im Internet.

Kontrastierende Perspektiven

Manche Literatur legte nahe, dass zusätzliche Daten und neue Herangehensweisen nötig sind, um dieses neue Phänomen der Übergriffe auf Teenager im Internet zu bekämpfen. Das ist ein ernsthaftes Problem, aber eines, dass Herangehensweisen erfordert, die sich von gegenwärtigen Präventionsbotschaften unterscheiden, die elterliche Kontrolle und die Gefahren der Preisgabe persönlicher Informationen betonen (Wolak et al., 2008). Die gegenwärtige Literatur beginnt sich auf die Erziehung von Teenagern zur Vermeidung von Internet-Verführung anstelle der Analyse und der Ergreifung dieser Verführer zu konzentrieren. Eine zweigleisige Vorgehensweise ist nötig, um die wachsende Zahl der Übergriffsfälle auf Teenager im Internet einzudämmen: eine, die sich auf die Ergreifung der Verführer konzentriert und eine andere, die die Erziehung des Teenagers in den Blick nimmt.

Schulkurse könnten ältere Teenager über die negativen Auswirkungen und die Strafbarkeit von Sex mit Erwachsenen aufklären, während sie jüngeren Teenagern beibringen, wie sie wachsam sein können, um sexuelle Verführer zu meiden (Wolak et al., 2008). Laut Meinung einiger Forscher könnte man dem Teenager, insbesondere dem Risiko-Teenager, mehr Aufmerksamkeit zuwenden als dem Verführer. Teenager könnten sich Risiko-Einstufungen unterziehen, um zu sehen, ob sie möglicherweise einem Kinder-Verführer zum Opfer fallen könnten.

Teenagern mit höherem Risiko, das heißt diejenigen, die in der Vergangenheit sexuell missbraucht worden sind, diejenigen mit sexuellen Identitätsproblemen und diejenigen, von denen man weiß, dass sie Risiko eingegangen sind, könnte zusätzliche Aufmerksamkeit gewidmet werden (Wolak et al., 2008). Erzieher, Eltern, Psychologen und Strafverfolgung könnten Wissen erhalten, wer sich in Risikogruppen befindet, um angemessen Opfer sexueller Übergriffe auf Teenager im Internet zu diagnostizieren und zu behandeln. Die Forschung hat auch die Verknüpfung zwischen Kinder-Pornographie und Belästigung im Internet untersucht.

Die gegenwärtige Forschung widmet den Straftaten und Straftätern mehr Aufmerksamkeit als den Opfern. Forscher könnten auch die Rolle des Teenager-Verhaltens im Phänomen sexueller Übergriffe auf Teenager im Internet erforschen. Effektive Prävention, Vollstreckung und Untersuchung dieser Straftaten, die hier beschrieben sind, erfordern ein umfassenderes Verständnis der Kausalität der beschriebenen Straftaten und Straftäter (Taylor et al., 2006). Eine kombinierte Anstrengung, die sowohl die Opfer der Übergriffe auf Teenager im Internet als auch den Verführer in den Blick nimmt, ist notwendig.

Lücken in der Literatur

Forscher müssen mehr Studien zur sexuellen Ausbeutung von Teenagern im Internet durchführen, um das Phänomen sexueller Übergriffe auf Teenager im Internet besser zu verstehen. Dieser Befund demonstriert die Notwendigkeit für fortgesetzte Forschung auf dem Gebiet der Werbung von Kindern für Sex im Internet (OSCS) (Wolfe & Higgins, 2008). Gemäß der jüngerer Literatur erfordert die hohe Zahl der Kinder, die jedes Jahr der Ausbeutung im Internet zum Opfer fallen, weitere Forschung auf diesem Gebiet.

Die wachsende Zahl entsprechender Opfer lehrt uns, dass das Phänomen sexueller Übergriffe auf Teenager im Internet ein globales Problem ist, das weitere Studien erfordert. Mehr als 750.000 Kinder fallen jedes Jahr einer Art des sexuellen Übergriffs zum Opfer. Dies Zahlen verweisen auf ein entstehendes gesellschaftliches Problem, das weiterer Aufmerksamkeit der Forschung würdig ist (Wolfe & Higgins, 2008). Da dies ein globales Problem ist, könnten sexuelle Übergriffe auf Teenager im Internet als eine globale Angelegenheit behandelt und Forschung auf globaler Ebene abgestimmt werden.

Lücken im Wissen von Erziehern und Eltern. Da das Internet und die sexuellen Übergriffe auf Teenager im Internet neue Phänomen sind, gibt es nur wenig Informationen und Daten zum Thema, insbesondere aus der Perspektive des Teenagers. Der Mangel an Informationen verursacht einen Mangel für das Verständnis des Phänomens und kann Bemühungen zur Erziehung der Teenager und Bildung der Öffentlichkeit als Ganzes verlangsamen. Erzieher benötigen eine akkurate Einschätzung der Natur der Belästigung von Kindern im Internet, um effektive Erziehungs- und Präventionsstrategien zu bilden. Psychologen können die Auswirkungen der sexuellen Übergriffe auf Teenager im Internet in der schulischen Leistung und der sozialen Isolation unter Teenagern finden. Die gegenwärtige Literatur geht nicht weit genug darin, die Angst zu mindern und akkurate Informationen zum Phänomen sexueller Übergriffe auf Teenager im Internet zu mehren.

Wissenslücken bei der Strafverfolgung. Strafverfolgungsbehörden in den USA versuchen, gegen Straftäter aus dem Bereich Kinder-Pornographie durchzugreifen. Laut Cordner (2012) war eine Gesetzesvorlage zur Bekämpfung von Straftätern aus dem Bereich Kinder-Pornographie an das amerikanische Repräsentantenhaus im Februar 2012 unterwegs. Das Justizministerium beginnt, Warnungen zu verschicken, mit denen Bürger informiert werden, dass die Angabe persönlicher Informationen in Chat-Räumen und auf sozialen Webseiten zu sexuellen Übergriffen auf Teenager im Internet führen kann. Laut einem Bericht der Internetseite Huffingtonpost.com (2011) vom 17. Februar 2011 verkündeten das Ministerium für Heimatschutz (DS) und das Justizministerium (DOJ) einen Erfolg bei der Bekämpfung der Kinder-Pornographie: Zehn [Internet-Pornographie-]Datenbanken wurden sichergestellt.

Bei Vorliegen korrekter Informationen und bei vorhandenem Wissen kann die Strafverfolgung darauf hinarbeiten, diese Epidemie zu verhindern, ehe sie sich weiter ausbreitet, aber laut Kaelin (2012) stellt eine neue Taktik der Verschleierung von Kinder-Pornobildern auf legitim wirkenden Webseiten Herausforderungen an die Strafverfolgungsbehörden. Die Strafverfolgung wird neue Taktiken und Techniken benötigen, um effektiv mit Sex-Straftätern, die das Internet nutzen, um ihre Verbrechen zu verüben, umzugehen.

Die Explosion von Pornographie, Ausbeutungsversuchen und Verbrechen, die durch das Internet ermöglicht werden, hat Politiker und Strafverfolgung völlig überrumpelt (Taylor et al., 2006). Obwohl einige Forschung zur Reiche-werden-reicher-Hypothese und zur Sozial-Kompensations-Hypothese unternommen wurde, könnte die Forschung weitergehen, um Erziehern, Eltern, Psychologen und Strafverfolgung mehr Informationen zu geben. Gegenwärtig gibt es kein zentrales Archiv für Daten zu Übergriffen auf Teenager im Internet. Die vorliegende Studie wird Daten hinzufügen, die die Strafverfolgung zentral speichern und für den Kampf gegen das Phänomen nutzen kann. Bis heute gibt es keine zentrale Auswertungsstelle für die Datensammlung zu den Zahlen dieser Arten der Belästigung (Taylor et al., 2006).

Fazit

Wertet man den bisherigen Forschungsstand aus, so machen Teenager die größte Nutzergruppe im Internet aus. Sie nutzen soziale Netzwerke wie Facebook®, MySpace™, E-Mail, Twitter© und Chats, über die auch ein Kontakt mit Verführern zustande kommen kann. Teenager-Mädchen nutzen das Internet etwas mehr als Jungen. Ob ein Teenager introvertiert oder extrovertiert ist, spielt eine Rolle beim Aufbau von Beziehungen im Internet. Anonymität in Bezug auf Kontakt und Durchführung spielt ebenfalls eine Rolle, sowohl für den Teenager als auch für den Verführer. Die Literatur weist noch Lücken auf, wie sich der Teenager im Internet verhält – die meiste Literatur konzentriert sich auf den Verführer. In der bisherigen Forschung wurde auch konstatiert, dass die Strafverfolgung gegenwärtig langsam darin ist, auf das neue Phänomen der sexuellen Übergriffe auf Teenager im Internet zu reagieren. Die gegenwärtigen Gesetze versuchen Teenager zu schützen, während sie Internet-Dienstleister und auch das Recht auf Privatsphäre schützen.

Zusammenfassung

In Kapitel 2 wurde ein Einblick in die Entwicklung der nationalen und globalen Nutzung des Internets durch Teenager in den letzten Jahren gegeben. Es erörterte auch Erkenntnisse zum Internet-Verhalten von Teenagern und Verführern in der Gegenwart und wie dieses Verhalten zu Übergriffen auf Teenager im Internet beitragen kann. Das Kapitel behandelte die Rolle, die die Persönlichkeit (introvertiert gegenüber extrovertiert) des Teenagers spielt und wie das eine oder andere eine Rolle bei möglichen Übergriffen spielen könnte. Kapitel 2 behandelte auch Alters- und Geschlechtsstatistiken von Teenagern und erwachsenen Verführern, die das Internet nutzen. Das Kapitel wies auf spezifische Gesetze hin, die versuchen, Teenager vor Übergriffen zu schützen und Internet-Dienstleister vor der Haftung. Kapitel 3 erklärt die in diesem Leitfaden zugrunde gelegten Forschungsmethoden.

Kapitel 3: Forschungsmethoden

Der Zweck dieses Leitfadens ist es, die Wahrnehmungen von Lehrern und Beratern zu erforschen, warum 13- bis 17-jährige Kinder Verführern im Internet zum Opfer fallen. Sein Zweck ist es auch, Wege zu finden, um die Zahl der Sexualdelikte zu reduzieren, die an Internetnutzern im Alter zwischen 13 und 17 Jahren von jemandem begangen werden, den er oder sie im Internet trifft. Kapitel 3 stellt die im Leitfaden genutzten Forschungsmethoden und das Forschungsdesign vor. Es erörtert die Eignung der Nutzung einer qualitativen Vorgehensweise in diesem Leitfaden, um die Übergriffe auf Teenager im Internet besser zu verstehen.

Das Kapitel behandelt eine Stichprobe von Interviews mit 25 Lehrern/Beratern einer Highschool in einer Stadt im mittleren Westen der USA, die mit Teenagern gearbeitet haben, die sexuellen Kontakt mit jemandem erfahren haben, den sie über das Internet kennengelernt haben. Dieses Kapitel behandelt auch die Datensammlung und das Grundprinzip für das im Leitfaden genutzte Forschungsdesign. Interne und externe Validitäten des Leitfadens sowie die Prozeduren der Datenanalyse werden hier angesprochen. Dieses Kapitel behandelt auch die Organisation des Leitfadens und wie er sich um maximale Klarheit und logischen Fluss bemüht. Zusätzlich erklärt es ethische Angelegenheiten in der Forschung inklusive des Verfahrens für die Einverständniserklärung, Vertraulichkeit und Validitätskontrollen. Schließlich prüft das Kapitel Verlässlichkeits- und Validitätsaspekte für qualitative und phänomenologische Forschung.

Angemessenheit des verwendeten Forschungsansatzes

Die exakte Rolle der Variablen, die die sexuellen Übergriffe auf Teenager im Internet beeinflussen, ist unbekannt. Laut Creswell (2008) ist qualitative Forschung am besten geeignet für Forschungsprobleme, bei denen der

Forscher die Variablen nicht kennt und weiter erforschen muss. Es gibt nicht genügend Literatur aus der Perspektive des Teenager-Verhaltens zum Phänomen sexueller Übergriffe auf Teenager im Internet. Die Literatur ergibt wenige Informationen über das Phänomen der Studie und der Forscher muss mehr von den Teilnehmern durch die Untersuchung lernen (Creswell, 2008). Es gibt wenig Literatur zum Phänomen sexueller Übergriffe auf Teenager im Internet aus der Perspektive von Lehrern/Beratern. Forscher müssen das Phänomen aus der Perspektive der Teenager-Opfer erforschen.

Qualitative Forschung ist darum bemüht, ein zentrales Phänomen zu erforschen und zu verstehen, indem Interviews und möglicherweise Beobachtungen, Bilder oder Mitschriften mit einer kleinen Zahl von Individuen oder Standorten genutzt werden (Creswell, 2008). Quantitative Forschung tendiert dazu, Forschungsprobleme zu behandeln, die eine Beschreibung von Trends oder eine Erklärung der Beziehung zwischen Variablen erfordern. Da die Übergriffe auf Teenager im Internet ein einzigartiger Umstand der Teenager-Erfahrung sind, sind diejenigen Opfer, die die Erfahrung erlebt haben, die sachkundigsten, um durch Interviews Informationen darüber zu liefern, welches Teenager-Verhalten zum Phänomen der Übergriffe auf Teenager im Internet beitragen kann. Quantitative Forschungsmethoden sind nützlich, wenn Trends ermittelt werden und Beziehungsvariablen beschrieben werden (Creswell, 2008).

Dieser Leitfaden wird genutzt, um Trends und die Beziehungen in den Antworten des Erziehers zu identifizieren, wie er oder sie im Zusammenhang mit dem Phänomen der Übergriffe auf Teenager im Internet steht. Die qualitative Methode ist angemessen, weil das Phänomen der Übergriffe auf Teenager im Internet das Schlüsselkonzept der Studie ist. Ein zentrales Phänomen ist das Schlüsselkonzept, die Idee oder der Prozess, der in qualitativer Forschung studiert wird (Creswell, 2002). Ein phänomenologisches Design ermöglichte die Erforschung darüber, wie Teenager unangemessene Beziehungen im Internet bilden, wie sich diese

Beziehungen entwickeln und welche Faktoren die Bildung dieser Beziehungen beeinflussen.

Das Design des Leitfadens ist es nicht, die Variablen, die zu Übergriffen auf Teenager im Internet führen können, zu bewerten. Das Design des Leitfadens ist es, mögliche Variablen zu erforschen. Manche Probleme qualitativer Forschung erfordern, fass der Forscher erklärt, wie eine Variable eine andere beeinflusst (Creswell, 2008). Die gegenwärtige Literatur zum Phänomen der Übergriffe auf Teenager im Internet erläutert nicht die Variablen, die entscheiden sind und die, die weniger relevant für das Phänomen sind. Quantitative Forschung beinhaltet Studien, in denen die Variablen bekannt sind. Nicht genug ist bekannt über das Phänomen der Übergriffe auf Teenager im Internet aus der Perspektive des Opfers. Größeres Wissen wird durch Interviews mit Opfern gewonnen, die die Erfahrung erlebt haben.

Die Literatur mag wenige Informationen über das Phänomen der Studie ergeben und der Forscher muss mehr von Teilnehmern durch die Untersucung lernen (Creswell, 2008). Der Leitfaden ist bemüht, von den jungen erwachsenen Befragten über die Gründe des Phänomens der sexuellen Übergriffe auf Teenager im Internet zu erfahren, indem seine oder ihre Erfahrungen erforscht werden. Dieser Leitfaden versucht die Rolle möglicher Variablen, zum Beispiel introvertierte oder extrovertierte Persönlichkeit, zum Phänomen sexueller Übergriffe auf Teenager im Internet zu erforschen. In qualitativer Forschung ist das Ziel viel mehr ergebnisoffen als in quantitativer Forschung (Creswell, 2008).

Die qualitative Forschungsmethode, die in dieser Studie zu sexuellen Übergriffen auf Teenager im Internet verwendet wird, ist angemessen, da die erfassten Daten die Informationen, die Erziehern, Eltern, Psychologen und der Strafverfolgung zur Entscheidungsfindung zur Verfügung stehen, ergänzen werden. In der Zukunft können diese Entscheidungen dabei helfen, Teenager vor Internet-Verführern zu schützen. Die qualitativen Antworten aus der Interview-Stichprobe werden die Literatur erweitern und könnten neue

Paradigmen zur Bekämpfung des neuen Phänomens sexueller Übergriffe auf Teenager im Internet aufdecken.

Wenig ist bekannt über das Phänomen sexueller Übergriffe auf Teenager im Internet, das sich in den letzten zehn Jahren entwickelt hat. Qualitative, phänomenologische Forschung tendiert dazu, Forschungsprobleme anzusprechen, die ein detailliertes Verständnis eines zentralen Phänomens erfordern (Creswell, 2008). Diese qualitative, phänomenologische Studie wurde konzipiert, um größeres Detail der sexuellen Übergriffe auf Teenager im Internet für Erzieher, Eltern, Psychologen und die Strafverfolgung zu liefern. Teenager, die sexuellen Kontakt mit jemandem erfahren haben, den sie im Internet trafen, können einzigartige Einblicke in das Phänomen liefern.

Eine qualitative, [phänomenologische] Forschungsstudie war nötig, um das Phänomen aus der Perspektive des Teenagers zu erforschen (Creswell, 2008). Die Teilnehmer wurden dazu ermutigt, während des Interviews an den Forscher weiterzugeben, was sie als hauptsächliche zum Phänomen beitragende Faktoren empfinden. Um die Forschungsfragen zu Faktoren, die Übergriffe auf Teenager im Internet beeinflussen, zu beantworten, betrachtete der Interviewer, wie diese Faktoren Teenager beeinflussen. Dor qualitative Forschungsmethode war für diesen Leitfaden geeignet, weil sie das Teenager-Verhalten und die soziale Interaktion von Teenagern im Internet untersuchte.

Laut Salkind (2003) ist es der Zweck einer qualitativen Studie, menschliches Verhalten und die sozialen, kulturellen und politischen Kontexte, innerhalb derer es auftritt, zu untersuchen. In diesem Leitfaden zum Phänomen sexueller Übergriffe auf Teenager im Internet wurden soziale und verhaltenstechnische Faktoren wie soziale Webseiten und Introvertiertheit/Extrovertiertheit erforscht. Durch Interviewfragen untersuchte der Leitfaden verschiede Faktoren, die eine Rolle im Phänomen der Übergriffe auf Teenager im Internet spielen. Da die Rolle verschiedener Faktoren, die sexuelle Übergriffe auf Teenager im Internet beeinflussen unbekannt ist, konnte der Forscher unterschiedliche Fragentypen stellen.

Arten der Designs qualitativer Forschung beinhalten gegenstandsbezogene Theorie, Fallstudie, Ethnographie, historische Forschung, narrative Forschungsdesigns, kritische soziale Theorie und Phänomenologie (Burns & Grove, 2001; Creswell, 2002; Moustakas, 1994; Simon, 2006). Gegenstandsbezogene Theorie ist darum bemüht, die Elemente einer Erfahrung zu entwirren (Moustakas, 1994), was ermöglicht, dass die Theorie in den Daten begründet liegt, aus denen sie entsteht. Dabei behält der Forscher einen konstanten vergleichenden Prozess mit jedem Teil der Daten bei und vergleicht diese mit anderen Daten, die erhalten werden (Burns & Grove, 2001). Das Ziel einer gegenstandsbezogenen Theorie ist es, eine Theorie zu bilden, die auf Belegen von Mikrostufen-Ereignissen, die weiter über soziale Situationen generalisiert werden können, basiert. (Neuman, 2003). Die Theoriebildung war jedoch nicht das Ziel dieses Leitfadens, das es die Absicht dieser Studie ist, die Perspektive von Lehrern/Beratern zu sexuellen Übergriffen auf Teenager im Internet zu erforschen.

Ein Fallstudien-Design in qualitativer Forschung konzentriert sich intensive auf eine Einheit, die ein Individuum, eine Gruppe, eine Organisation, ein Ereignis oder einer geographische Einheit sein kann, die genutzt wird, um eine Sache zu illustrieren und zu analysieren (Neuman, 2003). Fallstudien sind auch hilfreich dafür, effektive therapeutische Techniken zu demonstrieren oder neue Hypothesen zu generieren (Bruns & Grove, 2001). Doch das Ziel dieser Studie war es, die Phänomene sexueller Übergriffe auf Teenager im Internet und die Perspektive der Lehrer/Berater, wie dies zu verhindern ist, zu verstehen, mit einem Fokus auf der Entwicklung eines tieferen Verständnisses der Bedeutung und Natur ihrer alltäglichen Erfahrungen (van Manen, 1990).

Ein ethnographisches Forschungsdesign ist darum bemüht, eine Gruppenkultur von geteilten Mustern von Verhalten, Glaubenssätzen und Sprache zu beschreiben, analysieren und interpretieren (Creswell, 2002). Obwohl Kultur, Verhalten, Glaubenssätze und Sprache sexuelle Übergriffe auf Teenager im Internet zu beeinflussen scheinen, geht dieses Verbrechen über diese Einflüsse hinaus und würde nicht mit einer ethnographisches Untersuchung korrespondieren. Aufgrund der breiten Vielfalt sexueller Übergriffe auf Teenager im Internet, der Glaubenssätze, Sprache und Werte würde sich diese Untersuchung nicht für eine Verifizierung von kulturellen Mustern, wie sie bei einer ethnographischen Studie erwartet werden eignen.

Das für diese Studie gewählte Forschungsdesign war Phänomenologie, weil „es keine einzig gültige Realität gibt" und das Ziel dieser Studie war es, die gelebten Erfahrungen der Teilnehmer zu erforschen und zu beschreiben (Simon, 2006, S. 48). Aspekte einer phänomenologischen Studie können sich konzentrieren auf (a) den gelebten Raum des Teilnehmers, bekannt als Räumlichkeit, (b) ihren gelebten Körper, bekannt als Körperlichkeit, (c) gelebte Zeit, bekannt als Zeitlichkeit, oder (d) ihre gelebten menschlichen Beziehungen mit anderen, bekannt als Relationalität (Simon, 2006). Diese Studie ist auf die Phänomene der Relationalität ausgerichtet, weil sie darum bemüht war, die Perspektive der Lehrer/Berater zu sexuellen Übergriffen auf Teenager im Internet zu erforschen.

Eignung des Forschungsdesigns

Das Design ist geeignet, weil die Interviews mit Lehrern/Beratern geführt wurden, die mit Teenagern gearbeitet haben, die gelebte Erfahrung und persönliches Wissen des Phänomens der Übergriffe auf Teenager im Internet haben. Die Antworten auf die Interviewfragen bildeten die Roh- oder Primärdaten der Studie. Dies wurde gemacht durch eine Vielfalt von Werkzeugen wie Interviews, historische Methoden, Fallstudien und Ethnographie und gewöhnlich Ergebnisse in qualitativen (oder nicht-numerischen) Primärdaten (Salkind, 2003). Das Interview war eine geeignete Designmethode für diese Studie, weil es Wissen von Personen erfasst, die tatsächlich die Erfahrung sexueller Übergriffe auf Teenager im Internet gelebt haben. Die Studie wurden konzipiert, um die Faktoren, die das Phänomen sexueller Übergriffe auf Teenager im Internet beeinflussen zu erforschen. Die Studie wurde auch konzipiert, um Faktoren aufzudecken und näher zu erläutern, die zum Phänomen beitragen, zum Beispiel wachsende Internetnutzung der Teenager oder der Nutzen der Anonymität im Internet.

Bevölkerung

Die Bevölkerung der Studie bestand aus Lehrern/Beratern, die mit Teenagern gearbeitet haben, die eine sexuelle Beziehung mit jemandem erfahren haben, den er oder sie im Internet kennenlernten. Eine Stichprobengruppe von 25 Lehrern/Beratern hat die größere Gruppe von Lehrern/Beratern repräsentiert, die mit Teenagern gearbeitet haben, die Erfahrungen sexueller Übergriffe auf Teenager im Internet erlebt haben. Indem eine Stichprobengruppe von Lehrern/Beratern befragt wurde, beschreibt diese Studie Trends in großen Gruppen von Individuen (Creswell, 2008). Die größere Bevölkerung besteht aus Lehrern/Beratern, die mit Teenagern gearbeitet haben, die sexuellen Übergriffen im Internet zum Opfer gefallen sind.

Stichprobe

Zielgerichtete Stichprobe wurde in dieser Studie verwendet, da die Forschungsfragen erforderten, dass die Stichprobe bestimmte Kriterien erfüllt. Diese Kriterien bestanden aus Lehrern/Beratern, die mit Opfern sexueller Übergriffe auf Teenager im Internet gearbeitet haben. Laut Huck, Beavers und Esquivel (2010) erfordert die natur der Forschungsfragen in bestimmten Studien, dass bestimmte Kriterien genutzt werden, um zu entscheiden, wer oder was Teil der Stichprobe wird.

Die Daten wurden von Lehrern/Beratern erfasst, die die Kriterien der Studie erfüllten. Wenn Daten aus einer Gruppe von Personen, die diese spezifischen Charakteristiken besitzen, dann ist diese Gruppe von Personen eine zielgerichtete Stichprobe (Huck et al., 2010). Die Stichprobe besteht aus 25 Lehrern/Beratern in einem Schulbezirk in einer Stadt im mittleren Westen der USA, die angaben, dass sie mit einem Teenager gearbeitet haben, der eine oder mehr sexuelle Erfahrungen mit jemandem, den sie im Internet trafen, gehabt hat.

Die Antworten des Lehrers/Beraters lieferten eine Meinungsquelle zum Phänomen der Übergriffe auf Teenager im Internet. Die Lehrer/Berater erhielten eine Einverständniserklärung vor dem Start der Interviews (siehe Anhang C). Die Studie behielt Interviewantworten mit strenger Vertraulichkeit bei. Um die externe Validität zu steigern, beinhaltete die Studie sowohl männliche als auch weibliche Teilnehmer.

Um ethnische Anomalitäten zu erforschen, bestand die Stichprobe auch aus Mitgliedern von verschiedenen ethnischen Gruppen (Weiße, Schwarze, Hispanoamerikaner und Pazifikinsulaner). Die Studie entdeckte keine Unterschiede unter den Antworten der verschiedenen ethnischen Gruppen. Die Studie konnte nicht jeden Lehrer/Berater berücksichtigen; es war daher wichtig, dass die Stichprobe der Studie die allgemeine Lehrer/Beraterbevölkerung repräsentierte, die mit Opfern sexueller Übergriffe auf Teenager im Internet interagiert.

Wenn eine Studie nicht die gesamte Bevölkerung berücksichtigen kann, dann ist die einzig andere Wahl, eine Stichproben-Untergruppe dieser Bevölkerung auszuwählen. Diese Studie konnte nicht die gesamte Bevölkerung von Lehrern und Beratern an amerikanischen Highschools berücksichtigen. Die ausgewählte Gruppe der Lehrer/Berater von einer Highschool in einer Stadt im mittleren Westen der USA war eine repräsentative Stichprobe der Lehrer/Berater-Bevölkerung, die mit Opfern im Teenager-Alter von sexuellen Übergriffen im Internet gearbeitet hat.

Gedächtnisbefangenheit

Laut Windmann und Chmielewski (2008) erinnert man sich oft an emotional aufgeladene Ereignisse in großem Detail und mit hoher subjektiver Zuversicht, wenn sie tatsächlich widersprüchlich und ungenau sind. Die Forschung beobachtete Schlüsselwörter während des Interviews, die Gedächtnisbefangenheit identifizieren können. Die Diskrepanz ist demonstriert worden in Berichten rund um die terroristischen Attacken des 11. Septembers 2001 und dem O.J. Simpson-Prozess. Die Forschung ist sich der durch die emotionale natur der Übergriffe auf Teenager im Internet hervorgerufenen Gedächtnisbefangenheit bewusst. Klärende Fragen mit offenem Ende wurden in Gebieten gestellt, die Gedächtnisbefangenheit enthalten können, um dem Befragten zu helfen, sich an präzise Ereignisse, die mit ihrer alten Beratungserfahrung verknüpft sind, zu erinnern.

Eine Gedächtnisbefangenheit kann durch die emotionale Natur der Übergriffe auf Teenager im Internet verursacht werden. Eine Stichprobengruppe kann auch präzisere Informationen zu einem neueren Ereignis im Vergleich mit einem weniger frischen Ereignis liefern. Die Teilnehmer können sich an ihre Erfahrung als alt und vertraut erinnern, wenn sie in der Realität weniger über die Erfahrung behalten. Eine Reihe von Laborstudien zu den Auswirkungen von Emotion auf die Gedächtnisleistung hat tatsächlich eine verstärkte Befangenheit darin gefunden, emotionale Gegenstände als vertraut („alt") zu beurteilen, ganz gleich, ob diese Gegenstände in der Tat alt oder neu sind (Windmann & Chmielewski, 2008).

Geographische Lage

Die geographische Lage dieser Studie war der Campus einer Highschool in einer Stadt im mittleren Westen der USA. Dieser Leitfaden nutzt eine Feldumgebung für das Interview des Teilnehmers, mit Schauplätzen in einem Umfeld, in dem die Lehrer/Berater ihre Beratungserfahrungen erzählen. Die Highschool-Atmosphäre half dabei, die frischen Erfahrungen der Natur der sexuellen Übergriffe auf Teenager im Inter und die Absicht der Interviews zu untermauern.

Einverständniserklärung

Eine Einverständniserklärung ist ein ethisches Prinzip sozialer Forschung, insbesondere bei der Arbeit mit verletzlichen Bevölkerungen, und dieser Leitfaden folgte den Prinzipien des Belmont-Berichtes, wie sie von den nationalen Gesundheitsinstituten erklärt werden (1979). Die Einverständniserklärung bestätigt: (a) das Ziel der Studie; (b) das Verfahren – ein persönliches Interviews mit der Zustimmung des Teilnehmers zu einer Tonbandaufnahme; (c) jegliches Risiko oder die Nutzen für den Teilnehmer durch die Teilnahme an der Forschung; (d) eine Stellungnahme, dass ihre Beschreibungsteilnahme freiwillig war; (e) dass alle Mitschriften und Kontaktinformationen vertraulich waren, wobei die Informationen der Studie in einem sicheren, verschlossenen Ordner, der nur dem Forscher zugänglich war, aufbewahrt wurden, mit nur einem zugewiesenen Buchstaben (A bis W), der als Identifikation für die Interview-Mitschrift genutzt wurde; (f) dass der Teilnehmer jederzeit die Teilnahme an der Forschung ohne Nachwirkungen abbrechen konnte und (g) der Forscher war ein beauftragter Reporter und verpflichtet, verdächtigten Missbrauch oder Vernachlässigung eines Kindes zu melden (siehe Anhang B). Die Studie wurde vom Institutionellen Untersuchungsausschuss (IRB) der Universität Phoenix gebilligt.

Pilotstudie

Der Leitfaden enthielt eine Pilotstudie, konzipiert um: (a) die Forschungsfragen überprüfen, (b) sicherzustellen, dass die Fragen in einer effektiven Abfolge stehen und (c) jegliche Forschungsfragen zu identifizieren, die Klärung bedürfen. Die Forschungsfragen wurden mit jedem Teilnehmer vor der Unterschrift der Einverständniserklärung besprochen. Eine Unterstichprobe von fünf Teilnehmern, zwei männliche und drei weibliche, wurden gebeten, an der Pilotstudie teilzunehmen.

Die fünf Teilnehmer an der Pilotstudie waren nicht berechtigt, an der Hauptstudie teilzunehmen. Während der Pilotstudie wurden die Teilnehmer zur Abfolge der Fragen, jeglichen benötigten Klarstellungen und über die Eignung der Forschungsfragen nach den Interviews befragt. Das Feedback der Pilot-Teilnehmer signalisierte, dass keine weiteren Klarstellungen oder Modifizierungen notwendig waren und keine Bitten für Änderungen wurden gemacht.

Datensammlung

Die Lehrer/Berater-Teilnehmer wurden anfänglich mit Autorisierung des Schulbezirks und des Schulleiters kontaktiert. Der Schulleiter gab dem Forscher eine Liste der Lehrer und Berater, die an der Schule angestellt waren. Der Forscher kontaktierte daraufhin jeden der Lehrer und Berater und fragte jeden von ihnen, ob sie mit 13-17-jährigen Teenager-Opfern von sexuellen Übergriffen im Internet gearbeitet hatten. Dreißig der Lehrer/Berater, die mit diesen Teenagern gearbeitet hatten, stimmten der Teilnahme an einem 10 bis 15 Minuten-Interview mit offenem Ende und halb vorgegebener Struktur über ihre Perspektive zu sexuellen Übergriffen auf Teenager im Interner zu, siehe Interview-Protokolle (Anhang D). Der Forscher plante dann die Interviews an Datum, Zeit und Ort auf dem Campus der Schule nach Wahl des Lehrers/Beraters.

Die Interviews wurden zu der vereinbarten Zeit und am vereinbarten Ort durchgeführt, wobei ein halb strukturiertes Interview genutzt wurde. Dem Teilnehmern wurde die Einverständniserklärung vorgelesen und diese besprochen und jegliche Risiken des Unbehagens in der persönlichen Teilung oder Bedrängnis in der Reflektion individueller Sorgen verzeichnet. Das qualitative Fragendesign mit offenem Ende misst nicht Variablen der Übergriffe auf Teenager im Internet, sondern erforscht stattdessen mögliche Gründe dieses Phänomens. In qualitativer Forschung wird die Datensammlung nicht mit einem vorherbestimmten Instrument zur Messung bestimmter Variablen begonnen (Creswell, 2008). Die Interview-Protokolle (siehe Anhang D) beinhalteten Datensammlungs-Formulare, die das Interview erläuterten.

Der Forscher in diesem Leitfaden lernte von den Teilnehmern an der Studie und entwickelte Formulare genannte Protokolle zur Aufzeichnung der Daten, während der Leitfaden fortschritt. Die Protokolle des Leitfadens enthielten Fragen zu sexuellen Übergriffen auf Teenager im Internet, die die Aufmerksamkeit des Befragten auf Fragen konzentrierten, die mit dem Phänomen verknüpft waren. Obwohl die Interviews mit Fragen mit offenem Ende starteten, änderten sich die Fragen auf diesen Formularen oft und entwickelten sich während der Datensammlung (Creswell, 2008). Die Antworten der Befragten auf die Fragen wurden für die spätere Analyse erfasst. Abgeschriebene Tonbandaufnahmen bildeten eine von häufigen Wörtern zusammengesetzte Datenbank.

Die Datensammlung beinhaltete, dass den Lehrern/Beraten Fragen mit offenem Ende gestellt wurden, die mehr als Ja- oder Nein-Antworten erforderten. Der Zweck dieser Fragen war es, ihre Meinungen zu Faktoren, die die Übergriffe auf Teenager im Internet beeinflussen, zu verzeichnen. Dieses Formular beinhaltet allgemeine Fragen, sodass die Gewählten ihre eigenen Antworten auf die Fragen liefern konnten (Creswell, 2008).

Um Alter, Geschlecht und Rasse der Befragten zu dokumentieren und zu verstehen, beinhalteten die Datensammlungs-Formulare der Studie auch demographische Fragen. Die Datensammlungsformulare bestanden aus den Interviewfragen mit offenem Ende ebenso wie Raum für weitergehende Fragen. Wenn Forscher Daten erfassen, ist laut Marczyk, DeMatteo und Festinger (2005) der erste Schritt die Entwicklung eines Datensammlungsformulars.

Da die Fragen in diesem Leitfaden offene Enden hatten, hatten die Antworten und Rohdaten offene enden und waren breit gefächert. Ähnlich einem Puzzlespiel wurden unorganisierte Antworten auf Interviewfragen zu Persönlichkeit, Webseiten und Verhalten in einer organisierten Weise platziert. Durch Fragen mit offenem Ende untersuchte der Leitfaden ausgiebig die Meinungen der Befragten zum Phänomen sexueller Übergriffe auf Teenager im Internet.

Jedes Interview untersuchte vollständig das Phänomen und integrierte Anschlussfragen in Gebieten, die relevant für das Interview sind. Das Interviewfragen-Design ermutigte die Befragten, näher auf die während des Interviews gestellten Fragen einzugehen. Die Befragten in diesem Leitfaden wurden ermutigt, ihre offene und ehrliche Meinung zu ihren Erfahrungen mit Übergriffen auf Teenager im Internet zu geben.

Die Befragten wurden ermutigt, zusätzliche Informationen mit ihren Antworten anzugeben. Diese Informationen wurden in die Analyse miteinbezogen. Die Interviewfragen klar, präzise und verständlich zu machen half dabei, die Sammlung der beabsichtigten Daten zu gewährleisten. Der Leitfaden zog auch zusätzliche Informationen, die innerhalb oder außerhalb der Interviews aufgedeckt wurden, in Betracht, die das Wissen zu diesem Phänomen steigern können. Informationen, die nicht das Ergebnis einer

Interviewfrage waren, aber für die Analyse des Leitfadens relevant waren, wurden in der Datenanalyse berücksichtigt.

Validität – Interne und Externe

Laut Cho und Trent (2006) beinhaltet die Validität in qualitativer Forschung die Bestimmung des Grades, zu dem die Annahmen der Forscher über Wissen mit der untersuchten Realität (oder der Konstruktionen der Realität der Forscher-Teilnehmer) übereinstimmen. Dieser Leitfaden betrachtete zwei Arten der Validität, externe und interne. Externe Validität oder Übertragbarkeit der reichen, tiefen und neuen bedeutungsvollen Ergebnisse zu Lehrern und Beratern wurde als wichtiger erachtet als interne Validität oder Ursache und Wirkung.

Laut Pearson, Parkin und Coomber (2011) können kontextualisierte qualitative Ergebnisse die Übertragbarkeit von qualitativen Forschungsergebnissen ermöglichen. Dieser Leitfaden wurde konzipiert, um die Meinungen von Lehrern/Beratern zu erfassen, die mit Teenagern gearbeitet haben, die Erfahrungen mit sexuellen Übergriffen auf Teenager im Internet gelebt haben. Diese Ergebnisse können möglicherweise auf andere Lehrer/Berater übertragbar sein, die mit Opfern sexueller Übergriffe auf Teenager im Internet gearbeitet haben.

Die Ergebnisse dieses Leitfadens wurden der Interpretation des Forschers und des Teilnehmers unterzogen. Validität sollte nicht mit absoluter Sicherheit gleichgesetzt werden. Alles Wissen ist unterschiedlich, da es durch subjektive Interpretation erworben wird (Pearson et al., 2011). Durch die Formulierung von Fragen über die Forschung kann die Genauigkeit qualitativer Forschung in Bezug auf ihre mögliche Übertragbarkeit eingeschätzt werden (Pearson et al., 2011).

1. Sind die Charakteristiken der Original-Stichprobe der Personen, Schauplätze, Prozesse (etc.) vollständig genug beschrieben, um adäquate Vergleiche mit anderen Stichproben zu erlauben?

2. Sind limitierende Auswirkungen der Stichproben-Auswahl, der Schauplatz, die Geschichte und Konstrukte diskutiert worden?

3. Ist die Stichprobe theoretisch vielfältig genug, um weitere Verwendbarkeit zu ermutigen?

Die in diesem Leitfaden benutzte Stichprobe der Lehrer und Berater, wie sie im Stichproben-Abschnitt dieses Berichts beschrieben ist, enthält genug Detail, um adäquate Vergleiche mit anderen Lehrern und Beratern zu erlauben. Die limitierenden Auswirkungen des Stichproben-Schauplatz wurden im Einschränkungsabschnitt dieses Leitfadens erörtert. Schließlich war die Stichprobe, die Lehrer und Berater beider Geschlechter und eine Zahl verschiedener ethnischer Gruppen beinhaltete, breitgefächert genug für weitere Verwendbarkeit.

Die Validität in diesem Leitfaden wurde weniger bedroht durch die Auswahl einer Stichproben-Bevölkerung von Lehrern und Beratern, die mit möglichen Opfern sexueller Übergriffe auf Teenager im Internet interagieren. Um externe Validität zu ermitteln, beinhaltete die Datenanalyse das Zählen der Häufigkeit von Antworten auf dieselbe Frage. Eine größere Zahl identischer Antworten auf Fragen, die sexuelle Übergriffe auf Teenager im Internet beeinflussen, wie Chat-Räume und soziale Netzwerke kann eher auf den Rest der Bevölkerung übertragbar sein als Antworten, die nicht identisch sind.

Datenkodierung

Die Antworten der Teilnehmer wurden auf Datensammlungsformularen verzeichnet; diese Daten werden dann in eine Text-Datenbank übertragen. Die Datenbank wurde als Archiv für die Speicherung, Kodierung und Analyse der gesammelten Daten genutzt. Die Daten wurden kodiert, als sie vom Orginal-Sammlungsformular (so wie ein Testheft) in ein Format übertragen wurden, dass sich zur Datenanalyse eignet (Marczyk & andere, 2005).

Die Interview-Antworten wurden in Gruppen kodiert, als sie von den geschriebenen Notizen und den Tonbandaufnahmen der Befragten übertragen wurden. Vielsagende Statements wurden zunächst von bedeutsamen Statements extrahiert, mittels des Prozess der Horizontalisierung, der die

Meinung des Teilnehmers zur Erfahrung sexueller Übergriffe auf Teenager im Internet widerspiegelte. Während dem Datenkodierungsprozess wurden doppelte Statements oder geteilte Erfahrungen zwischen Teilnehmern zusammengefasst. Entscheidende Elemente der geteilten Meinungen des Teilnehmers wurden ausfindig gemacht und in Themen gebündelt. Schließlich fügte der Datenkodierungsprozess textliche Beschreibungen hinzu, die die Erfahrung hervorhoben und Zitate der Teilnehmer ergänzten die Reichhaltigkeit der Erfahrung.

Datenanalyse

Dreiecksmethode. Laut Leech und Onwuegbuzie (2007) müssen Forscher mindestens zwei, wenn nicht mehr, Arten von Werkzeugen zur Datenanalyse verwenden, um Ergebnisse in Dreiecke einzuteilen. Dieser Leitfaden analysiert das Phänomen der Übergriffe auf Teenager im Internet aus einer Reihe unterschiedlicher Perspektiven: der Eltern, des Teenagers, der Erzieher und der Strafverfolgung. Die Dreiecksmethode ist ein Mittel zur Verbesserung der Genauigkeit der Analyse, indem die Integrität der Schlussfolgerungen, die man aus mehr als einem Blickwinkel zieht, beurteilt (Leech & Onwuegbuzie (2007)).

Die Dreiecksmethode dient nicht bloß dazu, Auswirkungen genau zu bestimmen, sondern ist auch ein Mittel, um einen gemeinsamen Standpunkt zu schaffen (Shank, 2006). Die Daten wurden in diesem Leitfaden sowohl aus der Perspektive der männlichen als auch der weiblichen Teilnehmer analysiert, um einen gemeinsamen Standpunkt des Phänomens des Teenager-Sex im Internet zu gewinnen. Dieser gemeinsame Standpunkt wurde geschmiedet, indem darauf geblickt wurde, wie Wissen aus unterschiedlichen Perspektiven konstruiert werden kann (Shank, 2006).

Datenanalyse. Die Datenanalyse nutzte die modifizierte Van Kaam-Methode der von Moustakas (1994) beschriebenen phänomenologischen Analyse, um die Essenz der Erfahrungen der Teilnehmer hinsichtlich den sexuellen Übergriffen auf Teenager im Internet zu erfassen. Da die modifizierte Van Kaam-Methode in diesem Leitfaden genutzt wurde, wurde Datenanalyse-Software nicht genutzt. Jede Interview-Mitschrift wurde unter Verwendung einer modifizierten Van Kaam-Methode geprüft. Diese von Moustakas (1994) beschrieben modifizierte Van Kaam-Methode enthält sieben Schritte, die für jedes Teilnehmer-Interview zu nutzen sind.

Die Schritte in dieser modifizierten Van Kaam-Methode sind: (1) Auflisten und vorübergehend Gruppieren; (2) Reduktion und Ausscheidung; (3) Clusterbildung und Thematisierung der unveränderlichen Komponenten; (4) finale Identifikation der unveränderlichen Komponenten und Themen durch Anwendung; (5) Konstruktion einer individuellen textlichen Beschreibung der Erfahrung; (6) Konstruktion einer individuellen strukturellen Beschreibung und (7) Beschreibung einer textlich-strukturellen Beschreibung für jeden Teilnehmer.

Die folgenden Schritte wurden genutzt, um das Interview jedes Teilnehmers zu übertragen:

Schritt I. Alle Wörter, die für ihre Wahrnehmung der Phänomene sexueller Übergriffe auf Teenager im Internet wichtig waren, wurden aufgeschrieben.

Schritt II. Zwei Fragen wurden gestellt, während Wörter ausgeschieden wurden; sind sie notwendig, um die Wahrnehmung zu verstehen und ist es möglich, sie zu abstrahieren und zu etikettieren.

Schritt III. Die Hauptpunkte wurden in Themen gruppiert.

Schritt IV. Die Interviewmitschriften wurden ein zweites Mal gelesen, um sicherzustellen, dass die Wahrnehmung der Phänomene klar ausgedrückt, kompatibel und relevant war.

Schritt V. Direkte Zitate der Teilnehmer, die Klarheit zu den Themen hinzufügten, wurden notiert.

Schritt VI. Die klarstellenden Beschreibungen und imaginativen Abweichungen des Teilnehmers von den zentralen Themen wurden notiert.

Schritt VII. Ein Bild wurde zusammengesetzt, indem die Wörter, Themen, Beschreibungen und Abweichungen aus den Interviews organisiert wurden. (Moustakas, 1994)

In qualitativer Forschung werden die Informationen organisiert und ein kohärentes Bild oder eine Reflektion von verflochtenen Konzepten geschaffen, indem einem Prozess gefolgt wird (Neuman, 2003). Mittels einer Textanalyse versuchte dieser Leitfaden, Trends bei introvertierten und extrovertierten Teenagern zu identifizieren. Die Analyse beinhaltete auch die Rolle der Anonymität im Phänomen sexueller Übergriffe auf Teenager im Internet.

Eine Textdatenbank kategorisierte, organisierte und segmentierte die Interviewantworten, um Datentrend und Diskrepanzen zu identifizieren. Das Archiv für die qualitativen Daten in diesem Leitfaden war eine Textdatenbank. Der Datenanalyse-Prozess dieses Leitfadens beinhaltete die Kalkulation der durchschnittlichen Antworten ebenso wie die Bandbreite der Antworten auf Fragen zu Übergriffen auf Teenager im Internet. Zum Beispiel wurden die Interviewten gefragt, ob sie glauben, dass Chat-Räume Orte sind, wo Verführer Teenager treffen.

Auf Grundlage der Antworten können Chat-Räume als Orte charakterisiert werden, wo Verführer am ehesten Teenager treffen. Der Datenanalyse-Teil dieses Leitfadens wertete die Bandbreite der Antworten aus. Die Bandbreite ist der Unterschied zwischen den höchsten und den niedrigsten Punkten in einer Verteilung (Marczyk & andere, 2005). Die Bandbreite der Antworten auf eine Interviewfrage half bei der Bestimmung, ob die Antworten möglicherweise eine Rolle in dem Phänomen spielten. Dieser Leitfaden wurden genutzt, um Trends und Muster im Internet-Verhalten von Teenagern und die Auswirkungen dieser Trends auf das Phänomen sexueller Übergriffe auf Teenager im Internet zu identifizieren. Zum Beispiel erforschte dieser leitfaden Trends im Chat-Raum-Verhalten ebenso wie das Verhalten in sozialen Netzwerken.

Dateninterpretation

Die Dateninterpretation beinhaltete die Identifikation von Ähnlichkeiten unter den Antworten, die möglicherweise Trends oder zentrale Tendenzen aufdeckten, um bei der Definition des Phänomens zu helfen. Die Interpretation der Interview-Antworten beinhaltete die Untersuchung der Daten, um Informationen zu finden, die nicht offensichtlich aus den individuellen Interviewantworten alleine hervorgingen. Die Interview-Antworten wurden organisiert, sodass Bedeutung und Trends aus den gesammelten Daten abgeleitet wurden. Interpretation tendiert dazu, aus der Angabe der größeren Bedeutung der Entdeckung zu bestehen (Creswell, 2008).

Datenpräsentation

Der Forschungsbericht präsentiert die Daten auf eine Weise, die die Ergebnisse am besten erklärt. Der Bericht folgt einem logischen Fluss, der die Daten in einer Weise präsentiert, die seine Verständlichkeit steigert. Forschungsberichte tendieren dazu, eine flexible, entstehende Struktur und Bewertungskriterien zu benutzen (Creswell, 2008).

Der Forschungsbericht enthält genug Flexibilität, um akkurat die erfassten Daten darzustellen. Die Interview-Antworten wurden auf der Basis objektiver Kriterien bewertet. Der Leitfaden präsentiert gesammelte Daten aus den qualitativen Interviews in einem realistischen und logischen Bericht. Der Bericht vermittelt eine akkurate Darstellung der Interview-Antworten und ist in einer Art organisiert und präsentiert, die auf realistische Weise das Phänomen sexueller Übergriffe auf Teenager im Internet erläutert.

Limitierende Forschungsbefangenheit

Während der Datenanalyse und der Interpretation blieben die Interviews unbefangen und reflexiv. Reflexivität bedeutet, dass der Forscher seine oder ihre eigene Befangenheit, Werte und Annahmen reflektiert und diese aktiv in den Forschungsleitfaden schreibt (Creswell, 2008). Die Rolle des Forschers als Advokat des Schutzes der Teenager vor Verführern im Internet und die Werte der Unterstützung einer effektiven Internetnutzung der Teenager wird in diesem Leitfaden diskutiert.

Forscher könnten bewusste Anstrengungen unternehmen, um objektiv und unvoreingenommen durch den Forschungsprozess zu bleiben. Die Forschungsfragen und Antworten in diesem Leitfaden wurden auf

Befangenheit untersucht und die Befangenheit wurde im größtmöglichsten Maß reduziert. Dieser Leitfaden wählte keinen reflexiven Ansatz aus der Perspektive des Forschers. Befangenheit wird angesprochen durch: (a) Feststellung, dass der Forscher neun Nichten und Neffen im Teenager-Alter hat, die einen beträchtlichen Betrag an Zeit damit verbringen, im Internet zu surfen, (b) Erlaubnis für jeden Teilnehmer, seine oder ihre Erfahrung ununterbrochen zu teilen, außer um einen Punkt zu verdeutlichen und (c) Schaffung einer angenehmen Beziehung und Umgebung für das Interview.

Zusammenfassung

Dieses Kapitel erläuterte die Forschungsmethode und das Design für den qualitativen Leitfaden zu den Übergriffen auf Teenager im Internet. Die Eignung der qualitativen Methode gegenüber der quantitativen und gemischten Forschungsmethode wurde ebenfalls erörtert. Das Kapitel erläuterte die Kriterien für die Auswahl der Stichprobenbevölkerung von 25 Lehrern/Beratern, die Erfahrung in der Interaktion mit jugendlichen Opfern von sexuellen Übergriffen im Internet haben. Diesen Lehrern/Beratern wurden Fragen mit offenem Ende über ihre Meinung zu den Gründen der Übergriffe auf Teenager im Internet gestellt. Eine Diskussion der Datensammlungsprozeduren und der Nutzung der Datensammlungsformulare fand in diesem Kapitel statt. Das Kapitel erläuterte auch die Text-Datenbank, die für die Datenanalyse und die Segmentierung genutzt wurde. Die in diesem Kapitel skizzierte Dateninterpretation beinhaltete die Bestimmung von Bedeutung aus der Häufigkeit, der Brandbreite und den Durchschnittsantworten auf die Interviewfragen. Das Kapitel beschrieb eine Präsentation logischer Ergebnisse in einem Bericht, die Leser verständlich finden werden.

Dieses Kapitel behandelte die Abwägung zwischen interner und externer Validität dieses Leitfadens. Der Leitfaden adressiert Validitätsfragen zur Stichprobe der Studie. Daher gibt er möglicherweise die Übertragbarkeit der Studienresultate, das heißt, dass es möglich sein kann, die Antworten der Stichprobe af andere Lehrer und Berater zu übertragen. Das Kapitel behandelte auch die Reduktion der Befangenheit des Forschers in diesem

Leitfaden. Schließlich behandelte Kapitel 4 die Ergebnisse und Erkenntnisse dieses Leitfadens.

Einleitung **Kapitel 4: Ergebnisse**

Eine qualitative, phänomenologische Studie wurde durchgeführt, um die Gründe dafür zu erforschen, dass 13- bis 17-jährige Teenager Kinder-Verführern zum Opfer fallen und es wurde konzipiert, um Wissen zu erhalten, indem Lehrern/Beratern erlaubt wurde, Interviewfragen mit offenem Ende über ihre Meinungen zu den gelebten Erfahrungen von Teenagern in Bezug auf sexuelle Übergriffe im Internet zu beantworten. Halb strukturierte Interviews wurden genutzt, um sechs Forschungsfragen zu erforschen und 25 Interviews wurden durchgeführt, um diesen Phänomen zu erforschen. Wie van Manen (1990) beschrieb, dienten diese Interviews dazu, Informationen zu erforschen und zu sammeln, um ein größeres Verständnis eines menschlichen Phänomens zu entwickeln und als ein Mittel, um eine Konversation mit den Befragten über ihre Meinungen zum Phänomen aufzubauen. Die Interviews wurden mit Lehrern und Beraten in jedem ihrer Klassenräume, die in einer Highschool in einer Stadt im mittleren Westen der USA lagen, durchgeführt. Die Interviews wurden außerhalb der Schulzeit durchgeführt.

Die Daten wurden mithilfe der modifizierten Van Kaam-Methode, die von Moustakas (1994) beschrieben wurde, analysiert, um unveränderliche Komponenten und Themen aus den verbalen Daten der Teilnehmer aufzuspüren. Der modifizierte Van Kamm- (1984) Prozess wird genutzt, um zu beschreiben, wie Individuen eine gemeinsame Erfahrung wahrnehmen, konzeptualisieren und verstehen. Dies wurde von Moustakas demonstriert, der sich auf die Identifikation von Schlüsselthemen in der Wahrnehmung gleichgesinnter Leute konzentrierte, um die Bedeutung einer gegebenen Reihe von Erfahrungen zu bestimmen. Der Zweck dieser Studie war es, zu ergründen, wie Teenager sexuellen Verführern im Internet zum Opfer fallen. Sie erlaubte den Befragten, Gehör zu finden und identifizierte Themen. Highschool-Lehrer, die ausgiebig mit Teenagern zu tun haben, waren in der Lage, ihre Meinung zum Phänomen sexueller Übergriffe auf Teenager im

Internet zu äußern und enthüllten dadurch Aspekte des Phänomens, die nicht direkt numerisch oder beobachtet sind (Creswell, 2002). Kapitel 4 enthält Informationen, die aus der Pilotstudie gewonnen wurden, die Erkenntnisse dieser Studie und Themen, die bei der Untersuchung der Daten identifiziert wurden.

Pilotstudie

Eine Pilotstudie wurde durchgeführt, um (a) sicherzustellen, dass die Forschungsfragen gültig waren, (b) eine effektive Abfolge der Fragen zu bestimmen, (c) benötigte Klarstellung für jede Forschungsfrage zu identifizieren und (d) die bevorzugte Gratifikationskarte für die Teilnehmer zu bestimmen. Nach dem aufgenommenen Interview wurden die Befragten der Studie über die Eignung der Forschungsfragen, jegliche benötigte Klarstellung und die Abfolge der Fragen befragt. Fünf Lehrer wurden für die Pilotstudie befragt; das Datum der Pilotstudie wurde nicht in die Analyse der Stichprobenstudie integriert. Die Befragten der Pilotstudie gaben an, dass keine Änderung an den Forschungsfragen nötig war, was den Grundsatz unterstützte, dass die Fragen gültig und geeignet waren.

Stichprobe aus der Forschungsstudie

Die Befragten für diese Studie bestanden aus 25 Lehrern/Beratern an einer Highschool in einer Stadt im mittleren Westen der USA. Sechzehn oder 64% waren weiblich und 9 oder 36% waren männlich. Die Lehrer hatten selbst ein bis fünf Kinder (siehe Abbildung 3).

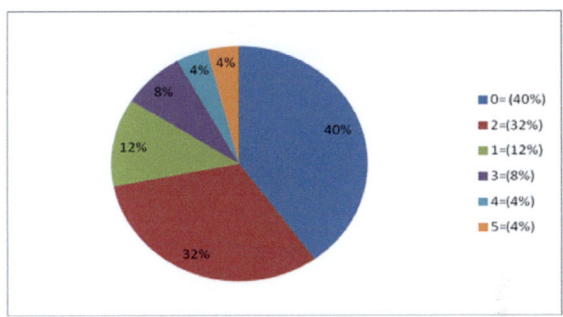

Abbildung 3. Anzahl der Kinder der Stichprobengruppe

Die Ethnizität wurden erfragt, um demographische Erkenntnisse der Studienstichprobe offenzulegen. Die Bevölkerung dieser Stadt im mittleren Westen der USA ist vielfältig und folgt im Allgemeinen der nationalen Bevölkerung. Die Stichprobe der Forschungsstudie spiegelte diese Vielfalt des Staates wider.

Die Ethnizität der Studienteilnehmer war (a) Weiß, 73%; (b) Hispanoamerikanisch; (c) Schwarz, 8%; (d) Pazifikinsulaner, 4%; und (e) Gemischt, 4%. Ein Teilnehmer gab eine gemischte Ethnizität an – weiß und hispanoamerikanisch. Keine asiatischen Ethnizitäten wurden befragt. Tabelle 1 veranschaulicht die vielfältige Ethnizität der Stichprobengruppe der Studie im Vergleich zur Bevölkerung der USA und des Staates Arizona. Abbildung 4 zeigt nur die Ethnizität der Stichprobengruppe. Sechzehn Lehrer, die kontaktiert wurden, entschieden sich, nicht an der Studie teilzunehmen, während 20 Lehrer nicht erreicht werden konnten.

Tabelle 1. Ethnizität der Stichprobenstudie (United States Census Bureau, 2010)

Ethnizität	USA	Staat im mittleren Westen der USA	Studienstichprobe
Weiß	74.8%	73%	76%
Schwarz	13.6%	4.1%	8%
Hispanoamerikanisch	16.3%	29.6%	8%
Pazifikinsulaner	0.02%	0.02%	4%
Gemischte Ethnizität	1.6%	1.6%	4%

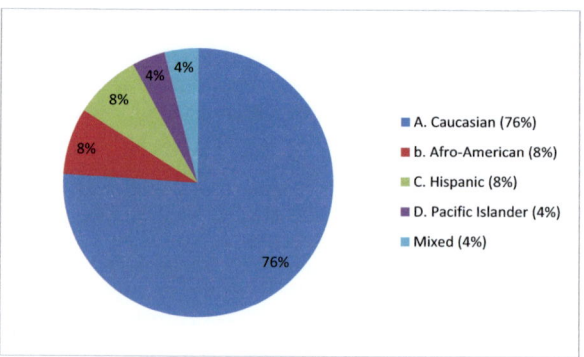

Abbildung 4. Abbildung 4. Ethnizität der Stichprobengruppe

Interviewfragen

Die Analyse der sechs Interviewfragen in den 25 Interviews wurde durch eine manuelle Überprüfung unter Nutzung der modifizierten Van Kaam-Methode komplettiert. Das Interview jedes Befragten wurde gelesen, wieder gelesen und eine Liste von Ausdrücken, die für die Erfahrungen des Teilnehmerns relevant waren, notiert (Moustakas, 1994). Schlüsselbegriffe Wurden für jeden Befragten aufgelistet.

Horizontalisierung erkennt die Statements eines Teilnehmers als relevant für die Frage und von gleichem Wert und schafft einen Horizont von unbegrenzten Möglichkeiten (Moustakas, 1994). Die Antworten von jedem der Teilnehmer hatten dasselbe Gewicht. Aus dem Horizontalisierungsprozess werden Bedeutung oder Bedeutungseinheiten gebildet (Moustakas, 1994).

Unveränderliche Komponenten wurden dann identifiziert, was zu Clustern führte und aus den Clustern wurden fünf Themen abgeleitet. Die für jede Interviewfrage aufgestellten Themen waren: Interviewfrage 1- Umstände, die wahrscheinlich dazu führen, dass ein Teenager auf einen Verführer im Internet trifft; Interviewfrage 2 – Werkzeuge, die wahrscheinlich von Teenagern genutzt werden, um Verführer im Internet zu treffen, zum Beispiel MySpace™ und Facebook®; Interviewfrage 3 – die Rolle, dass ein Teenager Spielraum braucht in der Wahrscheinlichkeit, dass sie einem Verführer im Internet begegnen werden; Interviewfrage 4 – die Rolle, die ein Teenager spielen muss in der Wahrscheinlichkeit, dass sie einem Verführer im Internet begegnen werden. Die Interviewmitschriften sind im Anhang E lokalisiert, der ein Inhaltsverzeichnis beinhaltet, um leicht auf jedes Teilnehmer-Interview zugreifen zu können.

Interviewfrage 1. Interviewfrage 1 fragte: Bitte teilen Sie mit mir Ihre Meinung darüber, welche Umstände am wahrscheinlichsten zu sexuellen Begegnungen von Teenagern mit jemandem führen, den sie im Internet treffen? Der Zweck dieser Frage war zweifach – (1) die Umstände zu verstehen, mit denen es ein Teenager vielleicht zu tun hat, und (2) Einsichten zu gewinnen über soziale Umstände, die zu einer Begegnung mit einem Verführer führen können. Ein weiterer Nutzen der Frage war der Aufbau eines gesprächsartigen Umgangstons oder wie Shank (2002) beschrieb eine große Rundfrage, die den Teilnehmer dazu einlädt, in ihrer Beteiligung zu führen.

Interviewfrage 2. Interviewfrage 2 fragte: Bitte teilen Sie mit mir Ihre Meinung darüber, wie Teenager am wahrscheinlichsten Leute im Internet treffen; zum Beispiel in einem Chat-Raum, auf Facebook®, auf MySpace™

oder auf komplett anderem Wege? Die Antworten der Teilnehmer führten Facebook® (14/39 oder 37%) als den primären Weg, auf dem Teenager Verführer im Internet treffen, während (6/39 oder 14%) der Teilnehmer MySpace™ als den primären Treffpunkt zwischen Teenagern und Verführern nannten.

Interviewfrage 3. Interviewfrage 3 fragte: Welche Rolle spielt Ihrer Meinung nach die Persönlichkeit eines Teenagers – zum Beispiel Introvertiertheit, Extrovertiertheit – darin, ob sie einen Verführer im Internet treffen wird?

    a. Glauben Sie, dass ein introvertierter Teenager wahrscheinlicher einen Verführer anzieht?

    b. Glauben Sie, dass ein extrovertierter Teenager wahrscheinlicher einen Verführer anzieht?

Die Antworten der Teilnehmer führten sowohl introvertierte als auch extrovertierte Persönlichkeiten (6/26 oder 26%) als Faktoren an, die eine primäre Rolle darin spielen, ob ein Teenager einen Verführer im Internet treffen wurde, während die Teilnehmer eine introvertierte Persönlichkeit (4/26 oder 13%) als den zweitwahrscheinlichsten Persönlichkeitszug wählten, der dazu führen würde, dass ein Teenager einen Verführer im Internet trifft.

Interviewfrage 4. Interviewfrage 4 fragte: Bitte teilen Sie mit mir Ihre Meinung zur Rolle, die Befriedigung von Teenagern (zum Beispiel Sex, Gesellschaft, Selbstwertgefühl oder etwas anderes) darin spielt, ob ein Teenager einen Internet-Verführer treffen wird? Die Antworten der Teilnehmer nannten ein Bedürfnis nach einer Beziehung (12/33 oder 36 %) als das primäre Bedürfnis oder die primäre Befriedigung eines Teenagers, die zu einer sexuellen Beziehung einen Teenagers mit jemandem, den sie im Internet getroffen haben, führen würde. Darüber hinaus war das Selbstwertgefühl war die zweitpopulärste Antwort (4/33 oder 12%) in Bezug darauf, welches Bedürfnis oder welche Befriedigung zu einem Treffen eines Teenagers mit einem Verführer im Internet führen würde.

Interviewfrage 5. Interviewfrage 5 fragte: Bitte teilen sie mit mir Ihre Meinung darüber, welche Unterstützung am wahrscheinlichsten helfen würde; zum Beispiel mehr elterliche Überwachung, bessere Strafverfolgung, ein besseres Highschool-Curriculum oder etwas anderes, um Kontakt mit einem

Internet-Verführer zu verhindern? Die Antworten der Teilnehmer führten bessere elterliche Unterstützung (19/36 oder 53%) als die primäre Unterstützung an, die Teenagern dabei helfen würde, die Gründung von Beziehungen mit Verführern im Internet zu vermeiden, während (5/36 oder 14%) sagen, dass Gemeinschaftsbildung der beste Weg ist, zu verhindern, dass Teenager Verführer im Internet treffen.

Entwicklung der Themen

Thema 1 – Mangel an elterlicher Aufsicht. Die Antworten der Teilnehmer nannten den Mangel an elterlicher Aufsicht (12/40 oder 30%) als den hauptsächlichen Umstand, der am wahrscheinlichsten zu sexuellen Begegnungen von Teengarn mit jemandem, den sie im Internet treffen, führt. Mangel an elterlicher Aufsicht war der am weitesten verbreitete Umstand, der von Teilnehmern (12/40) genannt wurde, der zu Treffen von Teenagern mit Verführern im Internet führt. Manche Teilnehmer erklärten, dass eine Problemfamilie, Mangel an elterlicher Aufsicht und Fürsorge die Anziehung eines Teenagers zum Treffen eines möglichen Verführers erleichtern kann. Teilnehmer D erklärte:„Problemfamilien und das Fehlen einer fürsorglichen Umgebung zu Hause können zu Treffen von Teenagern mit Verführern im Internet führen" (siehe Anhang E, S. 132).

Thema 2 – Anonymität. Die Fähigkeit, die Identität zu verstecken oder zu fälschen (Anonymität) (5/40 oder 15 %) war allgemein ein gemeinsam auftretender Punkt. Die Ergebnisse zeigen, dass Teenager und Verführer aufgrund der Anonymität im Internet in der Lage sind, Rollen zu spielen und ihre Identität zu verbergen. Teilnehmer Q erklärte, dass manche Teenager „schüchtern in sozialen Situationen sind – das hält sie in einer Distanz/Neugier/Anonymität."

Thema 3 – Einsamkeit. Die Antworten der Teilnehmer nannten Einsamkeit der Teenager (6%). Vorhergehende Studien haben gezeigt, dass das Sexualverhalten von Teenagern im Internet mit Einsamkeit verbunden ist. Teilnehmer J erwähnte, dass einige Teenager aufgrund von Einsamkeit Beziehungen im Internet suchen: „Sie möchten sich als Erwachsene verhalten, aber haben keine elterliche Anleitung" (siehe Anhang E, S. 144).

Thema 4 – Zusätzliche Umstände. Einige Teilnehmer lieferten mehrere Antworten auf einige der Interviewfragen. Die Antworten zweier Teilnehmer nannten jeder (6%) den Mangel an sozialen Fähigkeiten des Teenagers, (6%) Teenager-Nutzung von Facebook®, (6%) Nutzung von Mobiltelefonen. Eine Antwort jede (3%) Gruppendruck unter Teenagern, (3%) Unfähigkeit, Beziehungen einzugehen, (3%) Fotos in sozialen Medien, (3%) die Nutzung von Twitter©, (3%) keine Internet-Sperren auf Heimcomputern, (3%) Rebellion gegen die Eltern, (3%) Mangel an Erziehung über Verführer, (3%) Problemfamilie, (3%) Langeweile, (3%) Sympathie für Verführer, (3%) was Teenager im Fernsehen sehen.

Thema 5 – Soziale Netzwerke und Chat-Räume. Nahezu die Hälfte der Teilnehmer (37%) meldete Facebook® als das Werkzeug, das von Verführern genutzt wird, um Teenager in Treffen über das Internet zu führten. Teilnehmer A erwähnte: „Unsere Tochter nutzte Facebook®, Yahoo-Chat-Räume, Teenchat, MSN Messenger, und Xat-Chat" (siehe Anhang E, S. 124). MySpace™ war auch einer der am meisten von den Teilnehmern (14/39) genannten Webseiten als ein Mittel für Treffen von Teenagern mit Internet-Verführern. Teilnehmer O glaubt, dass Teenager Internet-Verführer auf „MySpace™ und Facebook® - sozialen Netzwerken, zu denen jeder Zugang hat" treffen (siehe Anhang E, S. 154).

Die gegenwärtige Stichprobe der Forschungsstudie reflektierte die Anziehung der Chat-Raum-Nutzung als 11%. Laut Teilnehmer G treffen Teenager Verführer in „Chat-Räumen, die jeder nutzen kann und auf Facebook® wo man Freundschaften akzeptieren muss" (siehe Anhang E, S. 138). Laut Teilnehmer C treffen Teenager Internet-Verführer wahrscheinlich auf „Facebook®, Twitter© [oder anderen Seiten] die leicht zugänglich oder möglicherweise Craigs Liste sind". Unten dargestellt in Abbildung 6 sind die Wege oder Werkzeuge, die Teenager nutzen, um Beziehungen im Internet zu bilden, die zu sexuellen Übergriffen führen könnten.

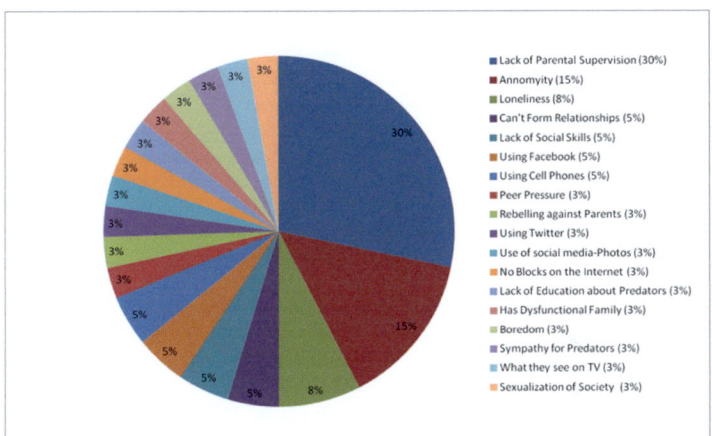

Abbildung 5. Umstände, die zu Übergriffen auf Teenager im Internet führen

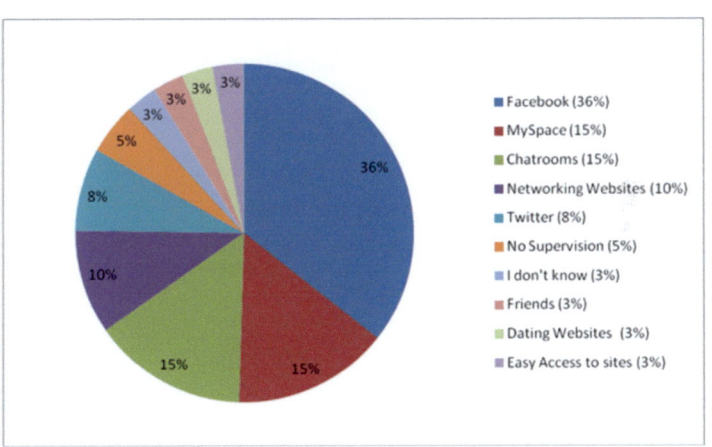

Abbildung 6. Wie Teenager Leute im Internet treffen

Thema 6 – Introvertierte und extrovertierte Teenager-Persönlichkeit. Ein Vierteil der Teilnehmer meldete, dass sowohl introvertierte als auch extrovertierte Teenager anfällig für Internet-Verführer seien. Teilnehmer D erklärte: „Sowohl introvertierte und extrovertierte Teenager [sind anfällig für Internet-Verführer]. Sie werden beide versuchen auf verschiedenen Wegen die Hände auszustrecken, wenn sie eine Leere fühlen." Die hohe Zahl der Teilnehmer, die sagte, dass introvertierte Teenager anfällig waren, war in Übereinstimmung mit dem Literatur-Überblick. Teilnehmer W erwähnte: „Sie (introvertierte Teenager) haben nicht mit Leuten in der Gemeinschaft gesprochen. Sie möchten Aufmerksamkeit" (siehe Anhang E, S. 170).

Teilnehmer A berichtete:„Wir haben eine Tochter, die introvertiert ist und sie sucht keine Beziehungen mit Jungs, während unsere andere Tochter sehr extrovertiert ist und ein sehr hohes Interesse an Jungs hat" (siehe Anhang E, S. 124). Neun Prozent der Teilnehmer berichteten, dass leicht manipulierte Teenager Internet-Verführer zum Opfer fallen könnten. Teilnehmer A erwähnte: „Sie [ihre Tochter] hat ein geringes Selbstwertgefühl, sodass diese Faktoren sie leicht manipulierbar machten" (siehe Anhang E, S. 124)

Thema 7 – Teenager-Rebellion. Vier Prozent der Befragten führten an, dass Teenager Beziehungen im Internet als Rebellion gegen die Eltern suchen. Teilnehmer B erwähnte: „Einige introvertierte Teenager treffen Verführer im Internet als Rebellion gegen traditionelle Familienstrukturen und Werte" (siehe Anhang E, S. 128). Die Rolle der Teenager-Persönlichkeit bei sexuellen Übergriffen auf Teenager im Internet wird in Abbildung 7 dargestellt.

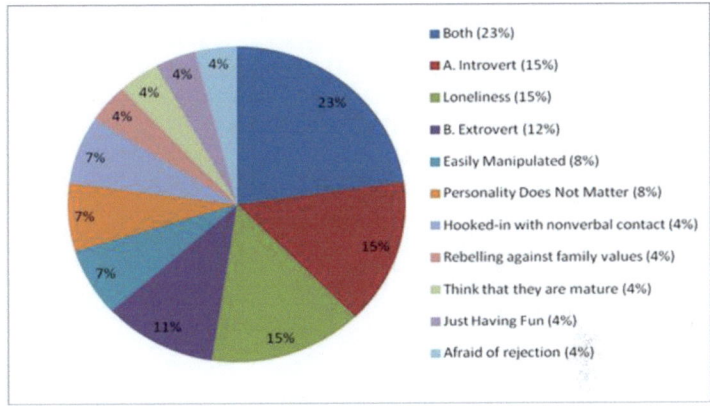

Abbildung 7. Rolle der Teenager-Persönlichkeit

Thema 8 – Bedürfnis nach einer Beziehung. Nahezu ein Drittel der Befragten nannte das Bedürfnis nach einer Beziehung als das größte Teenager-Bedürfnis, dass sie dazu bringt, jemanden im Internet zu treffen. Teilnehmer K erwähnte, dass einige Teenager „nach Beziehungen im Internet suchen und empfänglicher dafür sind, was andere in Internet sagen" (siehe Anhang E, S. 146). Die Teilnehmer erklärten, dass Teenager in ihrer Suche nach Beziehungen häufig Webseiten besuchen. Teilnehmer K erklärte darüber hinaus: „Teenager suchen im Internet Kommunikation und jemanden, mit dem sie eine Beziehung haben können" (siehe Anhang E, S. 146).

Thema 9 – Geringes Selbstwertgefühl. Vierzehn Prozent der Befragten nannten das geringe Selbstwertgefühl der Teenager als Faktor, der eine Rolle in Treffen von Teenagern mit Internet-Verführern spielt. Teilnehmer V erwähnte: „Das Selbstwertgefühl spielt die größte Rolle und Verführer zehren von geringem Selbstwertgefühl zehren und halten den Teenager interessiert" (siehe Anhang E, S. 168).

Thema 10 – Sofortige Befriedigung. Nahezu 12 % der Befragten führten an, dass Teenager Internet-Beziehungen als eine Form der sofortigen

Befriedigung suchen. Teilnehmer C erklärte: „[Teenager brauchen] unmittelbare Befriedigung und sie versuchen, die erwachsene Beziehung zu haben, die sie im Fernsehen sehen" (siehe Anhang E, S. 130). Abbildung 8 zeigt die Art des Bedürfnisses oder der Befriedigung der Teenager, die diese motiviert, sexuelle Beziehungen im Internet zu suchen.

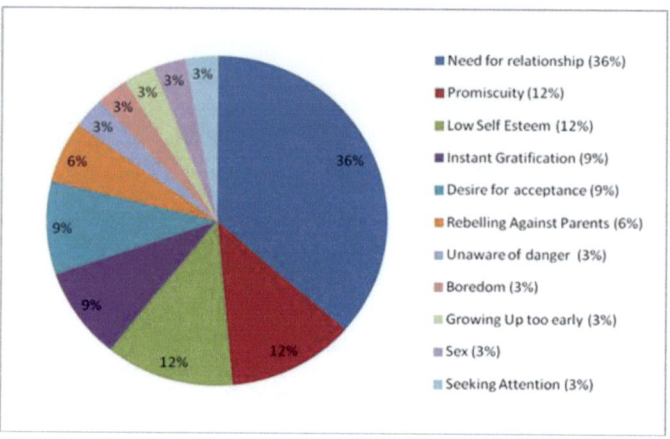

Abbildung 8. Rolle der Bedürfnisse oder Befriedigung der Teenager

Thema 11 – Verbesserte elterliche Unterstützung. Über die Hälfte der Befragten nannte bessere elterliche Unterstützung als die Hauptquelle der Unterstützung, die benötigt wird, um sexuelle Übergriffe auf Teenager im Internet zu verhindern (18/36 oder 53%). Teilnehmer K erwähnte „elterliche Unterstützung und Verbindungen in der Schule, die Eltern wissen müssen" (siehe Anhang E, S. 146). Einige der Teilnehmer glauben, dass zusätzliche elterliche Unterstützung und Aufsicht dabei helfen würden, die Wahrscheinlichkeit zu reduzieren, dass ein Teenager einen Internet-Verführer treffen wird. Teilnehmer H erklärte: „Zusätzliche elterliche Aufsicht wird benötigt. Kinder tun, was sie wollen im Internet" (siehe Anhang E, s. 140). Eine Mutter besuchte eine Erziehungsklasse mit ihrem Kleinkind, während eine weitere mit ihren Töchtern an einem Selbstverteidigungsprogramm an einem freien Wochenende teilnahm.

Thema 12 – Verbesserte Bildung. Eine Reihe von Lehrern erwähnte, dass Bildung sexuelle Übergriffe auf Teenager im Internet verbessern würde. Teilnehmer E erwähnte: Mehr Gemeinschaftsbildung und Bewusstsein und elterliche Aufsicht sind nötig" (siehe Anhang E. S. 134).

Thema 13 – Verbesserte Strafverfolgung. Einige der Teilnehmer (9%) sagten, dass elterliche Aufsicht und Bildung nicht genug seien und dass die Strafverfolgung mehr involviert werden müsste, um sexuelle Übergriffe im Internet zu verhindern helfen. Teilnehmer L sagte: „Die Strafverfolgung [würde helfen].Eltern sind immer die letzten, die Bescheid wissen. Kinder haben versteckte Leben" (siehe Anhang E, S. 148). Die Teilnehmer erkannten an, dass bessere Verbindungen und Beziehungen in der Schule ein wichtiger Weg sind, um sexuelle Treffen von Teenagern im Internet zu verhindern. Abbildung 9 zeigt die Art der Unterstützung, von der die Teilnehmer dachten, dass sie dabei helfen würde, sexuelle Übergriffe auf Teenager im Internet zu verhindern.

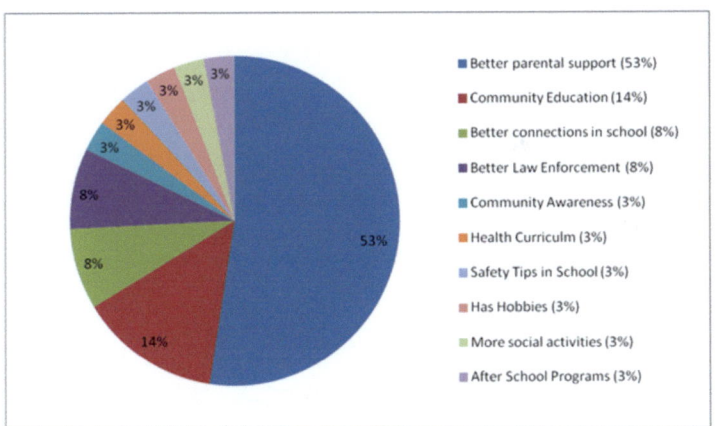

Abbildung 9. Art der Unterstützung, die bei der Verhinderung sexueller Übergriffe auf Teenager im Internet helfen könnte

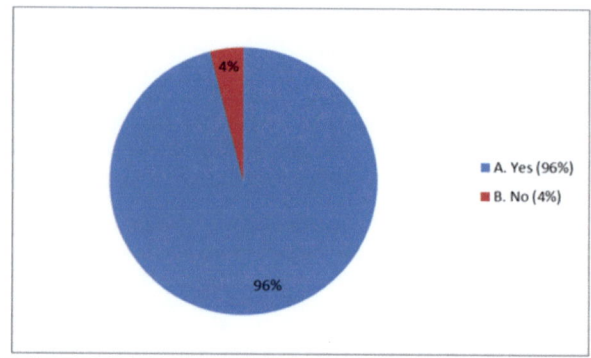

Abbildung 10. Bereitschaft zur Antwort auf Anschlussfragen

Abbildung 10 zeigt die Bereitschaft der Teilnehmer, Anschlussfragen zu beantworten.

Tabelle 2 fasst die Themen und Unterkategorien innerhalb jedes Themas zusammen.

Interviewfragen	Themen
Umstände, die zu Treffen mit Verführen führen können	1 – Mangel an elterlicher Unterstützung
	2 – Anonymität
	3 – Einsamkeit
	4 –Zusätzliche Umstände
Wie Teenager Verführer treffen	5 – Soziale Netzwerke und Chat-Räume
Rolle der Teenager-Persönlichkeit	6 – Introvertierte & Extrovertierte
	7 – Teenager-Rebellion

Interviewfragen	Themen
Rolle der Bedürfnisse/der Befriedigung der Teenager	8 – Bedürfnis nach einer Beziehung
	9 – Sofortige Befriedigung
	10 – Geringes Selbstwertgefühl
Unterstützung für den Teenager	11 – Verbesserte elterliche Unterstützung
	12 - Verbesserte Bildung
	13 – Verbesserte Strafverfolgung

Tabelle 2. Interviewfragen und Themen

Zusammenfassung

Die Informationen in Kapitel 4 präsentierten die Ergebnisse dieser qualitativen, phänomenologischen Studie – durch Interviews, die mit 25 Teilnehmern durchgeführt wurden. Fünf Themen wurden identifiziert: (a) Umstände, die am wahrscheinlichsten zu sexuellen Übergriffen auf Teenager im Internet führen, (b) wie Teenager Leute im Internet treffen, (c) die Rolle der Teenager-Persönlichkeit, (d) die Rolle der Teenager-Befriedigung und (e) welche Art der Unterstützung helfen würden. Die Themen der elterlichen Überwachung und Unterstützung waren stark vertreten und im Einklang mit dem Literaturüberblick bezüglich Faktoren, die zu sexuellen Übergriffen auf Teenager im Internet beitrugen.

Am deutlichsten war das Thema, das die Bedeutung sozialer Medien wie Facebook®, MySpace™ und Chat-Räume identifizierte. Selbst wenn elterliche Autorität gegeben war, bemerkten die Teilnehmer, dass Teenager Beziehungen im Internet als Rebellion gegen diese Autorität suchen würden. Sowohl introvertierte als auch extrovertierte Teenager konnten Verführern im Internet zum Opfer fallen. Diese Erkenntnis hat Folgen für Erzieher, Eltern und Psychologen, die die Teenager-Persönlichkeit überwachen und wie es ihre Internet-Aktivität beeinflusst.

Die Teilnehmer berichteten, dass starke Beziehungen und Verbindungen in der Schule dabei helfen würden, zu verhindern, dass Teenager im Internet Beziehungen suchen. Das Bedürfnis nach einer Beziehung, Einsamkeit und sofortige Befriedigung sind einige der Teenager-Bedürfnisse, die Teenager in die Arme von Verführern im Internet treiben. Die Teilnehmer merkten bereitwillig positive elterliche Unterstützung, gesunde Beziehungen und Gemeinschaftsbildung ebenso wie die Strafverfolgung als unterstützende Wege zur Verhinderung von sexuellen Übergriffen im Internet an. Die Schlussfolgerungen und Empfehlungen dieser Studie werden in Kapitel 5 präsentiert.

Kapitel 5: Schlussbetrachtungen

Der Zweck dieses Leitfadens ist es, die Ursachen dafür zu erforschen, warum 13- bis 17-jährige Kinder-Verführern im Internet zum Opfer fallen. Teenager sind eine verletzliche Bevölkerung mit anspruchsvollen Themen und Bedürfnissen während sie aufwachsen und das Internet nutzen. Die einzigartigen Bedürfnisse dieser Bevölkerung, ihre unterschiedlichen Erfahrungen und Anforderungen zu verstehen kann dabei helfen, Lösungen dafür zu schaffen, dass sie Internet-Verführern zum Opfer fallen.

Teenager, die Treffen mit Internet-Verführern erfahren, können verheerende Konsequenzen in ihrem späteren Leben haben; zudem repräsentieren Teenager, die das Internet nutzen und möglicherweise Verführer treffen, eine wachsende Bevölkerung von Internet-Nutzern. Laut Chein und Hsinyi (2011) hat das Bildungsministerium von Taiwan die möglichen Risiken des Internets erkannt und hat seit dem Jahr 2000 das inselweite Projekt ‚Lehrer-Bewusstsein der Internet-Sicherheit' (TAIS) für Grund- und Mittelschul-Lehrer begonnen. Die Informationen in Kapitel 5 präsentieren (a) die Auswirkungen, (b) die Beschränkungen dieses Leitfadens, (c) Empfehlungen für künftige Forschung, (d) Empfehlungen für Praktiker in der Erziehung, für Eltern und die Strafverfolgung, (e) eine Zusammenfassung des vorliegenden Forschungsleitfadens und (f) die Schlussbetrachtungen.

Auswirkungen

Teenager sind eine verletzliche Bevölkerung mit anspruchsvollen Themen und Bedürfnissen, während sie aufwachsen und das Internet nutzen. Der vorliegende Leitfaden untersuchte die Umstände, Werkzeuge, Persönlichkeit und Bedürfnisse, die zu sexuellen Treffen von Teenagern mit Internet-Verführern führen. Obwohl das Internet viele positive Aspekte hat, ist einer der schädlichsten Aspekte seine mögliche Nutzung für sexuelle Verführung im Internet (Dombrowski et al., 2004). Ein qualitatives, phänomenologisches Design wurde genutzt, um direkt von 25 Highschool-Lehrern zu erfahren, wie sie soziale Unterstützung wählen.

Insbesondere erklärten die Befragten, dass elterliche Unterstützung eine Hauptquelle der Unterstützung und Hilfe für Teenager sei. Diese Erkenntnis war interessant, da 16% der Teilnehmer Gemeinschaftsbildung berichteten.

Wohingegen während der Interviews 9% der Befragten die Strafverfolgung als die Hauptquelle der Unterstützung für Teenager in der Verhinderung von sexuellen Übergriffen im Internet berichteten. Im Jahr 2009 berichteten 14% der Mädchen und 7% der Jungs unter Jugendlichen der Klassen 9 bis 12 in einem Staat im mittleren Westen der USA, dass sie körperlich dazu gezwungen wurden, sexuellen Verkehr zu haben, wenn sie diesen nicht wollten (Midwestern US State Department of Education, 2010).

Ein Bedürfnis nach einer Beziehung treibt einige Teenager an, Gesellschaft im Internet zu suchen, was oft in verführerischen Beziehungen resultiert. Ein Lehrer berichtete, dass ihre Tochter zu Hause sehr aufsässig war, aber im Kontakt mit dem Verführer war sie bereit, alles zu tun, um ihn glücklich zu machen, da sie Angst vor Ablehnung hatte. Laut Vorauer, Cameron, Holmes und Pearce (2003) demonstrierten vier Studien, dass Ängste vor Ablehnung Individuen veranlassen, eine Signalverstärkungsbefangenheit zu zeigen, durch die sie wahrnehmen, dass ihre Ouvertüren mehr romantisches Interesses an mögliche Partner kommunizieren als tatsächlich der Fall ist. Teilnehmer A: Wir vermuten auch, dass sie [ihre Tochter] Ablehnung fürchtet, da ihr biologischer Vater seine elterlichen Rechte abgab, als sie zwei Jahre alt war und er keinen Kontakt zu ihr hat.

Interviewfragen

Die übergreifende Frage für diese Forschung war der Schutz der Teenager, die das Internet nutzen. Um dieses Phänomen zu untersuchen, wurden sechs Interviewfragen gestellt. Die Themen wurden unter Befolgung einer modifizierten Van Kaam-Methode entwickelt, um eine textliche strukturelle Beschreibung des Phänomens sexueller Übergriffe auf Teenager im Inter zu bilden.

Entwicklung der Themen

Thema 1 – Mangel an elterlicher Aufsicht. Die Teilnehmer teilten Geschichten darüber, was sie für Umstände halten, die dazu führen, dass Teenager sexuelle Verführer im Internet treffen. Der Mangel an elterlicher Aufsicht war das von den Befragten am meisten erkannte Thema, da 30% dies als Grund dafür angaben, wie Teenager Verführern im Internet begegnen können. Der Mangel an Überwachung der Eltern darüber, was ein Kind tut, [kann Teenagern die Gelegenheit geben, Beziehungen im Internet zu bilden] (Pilot-Teilnehmer 1). Internet-Nutzer im Teenager-Alter benötigen elterliche/erwachsene Aufsicht – jemand, der sich um das Kind kümmert (Teilnehmer G).

Über ein Viertel der Teilnehmer (30%) gab einen Mangel an elterlicher Aufsicht als hauptsächlichen Umstand an, der zu sexuellen Übergriffen auf Teenager im Internet führt. Diese Übergriffe können sowohl körperliche als auch emotionale Schrecken hinterlassen. Laut Taylor (2006) überzeugte Ringland, ein autodidaktischer IT-Experte, sogar eines seiner jungen Opfer dazu, ihn zu treffen, und während er auf Kaution für die ursprünglichen Webcam-Straftaten war, wurde er mit ihr im Bett erwischt (Einer der Jugendlichen beschrieb ihre Tortur als ‚Internet-Vergewaltigung' und sprach sogar davon, Selbstmord zu begehen). Geringes Selbstwertgefühl unter Teenagern trug ebenfalls dazu bei, dass sie Beziehungen im Internet suchten.

Thema 2 – Anonymität. 15 % der Lehrer/Berater berichteten, dass sie glaubten, dass Anonymität ein Umstand ist, der dazu führen könnten, dass Teenager Verführern im Internet begegnen. Laut Kelly, Lord und Marcus (2000) macht es die unpersönliche und anonyme Natur des Internets leichter, Dinge zu sagen und zu tun, die man nicht tun würden, wenn es zu einem Treffen Auge in Auge käme. Facebook® wurde am häufigsten erwähnt als die erste Kontaktquelle der Teenager im Internet, während MySpace™ als zweithäufigstes Medium genannt wurde. Laut der Beschreibung der Befragten liefern diese Webseiten Anonymität, unüberwachten Zugang und einen wachsenden Weg für Teenager, Freundschaften zu entwickeln. Die Teilnehmer berichteten, dass Facebook® die folgenden Dinge lieferte: (a) Anonymität, (b) Mangel an elterlicher Aufsicht, (c) leichte Nutzung für

Teenager und (d) Verfügbarkeit 24 Stunden pro Tag und sieben Tage pro Woche.

Chael (n.d.) gab an, dass Kinder-Verführer in der Ausnutzung ihrer Perversion und dem Verstecken hinter der Anonymität des Internets geschickt worden sind, was es für die Strafverfolgung schwer macht, diese Verführer zu identifizieren. Teilnehmer L sagte: Die Strafverfolgung [würde helfen]. Die Eltern sind immer die letzten, die Bescheid wissen. Kinder haben versteckte Leben" (siehe Anhang E, S. 148). Laut Elisheva (2004) hat die empirische Forschung zu Erwachsenen in ähnlicher Weise die Gelegenheiten zur Rollen-Experimentierung, zum Identitätsspiel und zur Beziehungsentwicklung im Internet, die durch die einzigartigen Eigenschaften des Internets geliefert werden, betont (z.b. Anonymität, Abwesenheit von geographischen und zeitlichen Einschränkungen). Die Ergebnisse zeigen, dass Teenager und Verführer aufgrund der Anonymität im Internet in der Lage sind, Rollen zu spielen und ihre Identität zu verstecken.

Thema 3 – Einsamkeit. Das Suchen positiver Beziehungen außerhalb des Internets ist ebenfalls ein aktiver Prozess, den die meisten Teenager verfolgen können, um Einsamkeit zu verhindern und ein Zugehörigkeitsgefühl zu entwickeln. Teilnehmer H beschrieb „Einsamkeit und einen Wunsch, in Verbindung zu treten, geringes Selbstwertgefühl, keine elterliche Anleitung" als wichtige Umstände, die zu sexuellen Übergriffen auf Teenager im Internet führen (siehe Anhang E, S. 138). Ein weiterer Punkt in Bezug darauf, wie die Teenager-Persönlichkeit ihre Internet-Nutzung beeinflusst, war, dass introvertierte Teenager Unsicherheiten zeigen und nach Akzeptanz an anderen Orten suchen (Teilnehmer C, siehe Anhang E, S. 160).

Öztürk und Özmen (2011) gaben an, dass Forschungen bewiesen haben, dass eine neue psychologische Störung von problematischer Internet-Nutzung in Verbindung mit individuellen Charakteristiken wie Einsamkeit, Schüchternheit, Ängstlichkeit, Depression, Persönlichkeitstyp und Selbsterkenntnis stand. Die Stichprobe der vorliegenden Forschungsstudie spiegelte wider, dass Einsamkeit (15%) der dritte Umstand ist, der dazu führen kann, dass Teenager Verführern im Internet begegnen. Mit wachsender Internet-Nutzung waren Introvertierte weniger in lokale Gemeinschaften integriert und fühlten sich einsamer als Extrovertierte (Peter et al., 2005).

Thema 4 – Zusätzliche Umstände. Einige Teilnehmer lieferten mehrere Antworten auf einige der Interviewfragen. Zwei Teilnehmer-Antworten gaben jeweils an: (6%) Mangel an sozialen Kompetenzen der Teenager, (6%) Nutzung von Facebook® durch die Teenager, (6%) Nutzung von Mobiltelefonen. Eine Antwort jeweils: (3%) Gruppenzwang unter Teenagern, (3%) Unfähigkeit, Beziehungen einzugehen, (3%) Fotos in sozialen Medien, (3%) Nutzung von Twitter©, (3%) Keine Internet-Blockaden auf Heimcomputern, (3%) Rebellion gegen Eltern, (3%) Mangel an Bildung über Verführer, (3%) Problemfamilie, (3%) Langeweile, (3%) Sympathie für die Verführer, (3%) was Teenager im Fernsehen sehen.

Thema 5 – Nutzung von sozialen Netzwerken und Chat-Räumen. Die verbreitete Nutzung von Facebook®, MySpace™ und Chat-Räumen für Kontakt mit Verführern war in Übereinstimmung mit der vorhergehenden Forschung und ein wichtiger Höhepunkt in diesem Leitfaden. Die Teilnehmer empfanden diese sozialen Webseiten als wichtigen Bestandteil des sozialen Kontaktes von Teenagern, selbst wenn die Beziehung zu Kontakt mit Verführern führen kann. Facebook® wurde am häufigsten als die erste Quelle des Kontaktes von Teenagern im Internet erwähnt, während MySpace™ als zweithäufigste genannt wurde. Laut Beschreibung der Befragten lieferten diese Webseiten Anonymität, unüberwachten Zugang und einen wachsenden Weg für Teenager, Freundschaften zu entwickeln.

Elf Prozent erkannten Netwerkseiten im Allgemeinen als Internet-Werkzeuge, die zu Treffen von Teenagern mit Internet-Verführern führen. Ein weiterer Höhepunkt dieses Leitfadens ist der Effekt von Partnerbörsen und Twitter© als Werkzeuge. Siebenunddreißig Prozent der Teilnehmer nannten Facebook® als Quelle für Teenager, um Leute und daran anschließend Verführer im Internet zu treffen; laut der Beschreibung der Befragten ist diese Quelle für die Öffentlichkeit offen zugänglich und für Teenager sehr leicht zu nutzen. Die Teilnehmer berichteten, dass Facebook® die folgenden Aspekte lieferte: (a) Anonymität, (b) Mangel al elterlicher Aufsicht, (c) leichte Nutzung für Teenager, (d) Verfügbarkeit an 24 Stunden pro Tag und sieben Tagen pro Woche.

Nahezu alle Befragten berichteten, dass soziale Webseiten wie Facebook®, MySpace™ und Twitter© zu regelmäßigem sozialen Kontakt von Teenagern im Internet führen und bekräftigen ihren Glauben, dass größere elterliche Aufsicht dabei helfen würde, das Problem zu lösen, selbst wenn das elterliche Wissen über das Internet begrenzt sein kann. Teilnehmer D beschrieb soziale Webseiten als „leicht offen und zugänglich für Schüler – insbesondere neuere Seiten" (siehe Anhang E, S. 129).

Thema 6 – Introvertierte und extrovertierte Teenager-Persönlichkeiten. Viele der Befragten gaben an, dass Gespräche mit anderen, seien sie formeller oder informeller Natur, dabei helfen würden, zu verhindern, dass introvertierte und extrovertierte Teenager Beziehungen im Internet suchen. Die Erkenntnisse aus Interviewfrage 3 führten zu einem Thema darüber, wie die Persönlichkeit eines Teenagers ihre Nutzung des Internets beeinflusst. Aspekte dieses Themas beinhalten: (a) Extrovertiertheit, (b) Introvertiertheit, (c) Einsamkeit und (d) Manipulation. Huang, Zhang, Li, Wang, Zhang und Tao (2010) gaben an, dass bestimmte Persönlichkeitszüge wie Schüchternheit, Introvertiertheit und sozialer Rückzug eng mit bestimmten Internet-Sucht-Störungen (IAD) verknüpft sind.

Über 25% der Teilnehmer gaben an, dass sowohl introvertierte als auch extrovertierte Teenager anfällig für Internet-Verführer sind. Unter diesen Umständen könnten Eltern und Lehrer ein festes Verständnis darüber haben, wie die Persönlichkeit eines Teenagers ihre Nutzung des Internets beeinflusst. Die Existenz von unterstützenden Eltern und gesunden Beziehungen außerhalb des Internets wurde von den Befragten als ein Vorteil für Teenager ausgedrückt, selbst wenn Teenager diese Unterstützung ihrer Eltern nicht verlangt haben.

Thema 7 – Teenager-Rebellion. Rebellion gegen die Eltern wurde von 3% der Befragten als der Umstand genannt, der am wahrscheinlichsten zu sexuellen Begegnungen von Teenagern mit jemandem, den sie im Internet treffen, führt. Dies war in Übereinstimmung mit dem Befund der Literatur in der Studie von Kelly et al. (2000). Ein Teilnehmer dieser Studie gab zu Protokoll, dass seine Eltern ihn die ganze Zeit dazu drängten, nach draußen zu gehen, mehr Zeit mit der Familie und Gleichaltrigen zu verbringen, aber seine Teenager-Rebellion war es, registriert zu bleiben. Es war die Perspektive der Teilnehmer, dass die Teenager rebellisch sind, was Michael (n.d.) bestätigte, indem er angab, dass wir alle schon den Ausdruck „Teenager-Rebellion" gehört haben. Es ist eine herkömmliche Meinung, dass Teenager eine Periode turbulenter Pubertät durchleben, ehe sie – so die Hoffnung – zur Ruhe kommen und zu gereiften, produktiven Erwachsenen werden.

Während Teenager-Rebellion nichts Neues ist, kann das Internet eine Brutstätte für schlechtes Verhalten werden (Kelly et al., 2000). Die Teilnehmer bekräftigen ihre Ansicht, dass Bildung eine wichtige Quelle der Unterstützung für leicht manipulierte Teenager sei. Laut Teilnehmer T sorgt Bildung dafür, dass die Teenager realisieren, dass sie nicht wissen, mit wem sie sprechen (siehe Anhang E, S. 162).

Thema 8 – Bedürfnis nach einer Beziehung. Die Befragten teilten die Charakterzüge von Teenagern in Bezug auf Bedürfnisse/Befriedigung, die zu sexuellen Übergriffen im Internet führen. Ihre Kommentare bewegten sich zwischen (a) Bedürfnis nach einer Beziehung, (b) Bedürfnis nach einer sofortigen Befriedigung und (c) geringes Selbstwertgefühl der Teenager. Teilnehmer A gab an: „Wir haben eine Tochter, die introvertiert ist und die keine Beziehungen mit Jungs sucht, wohingegen unsere andere Tochter sehr extrovertiert ist und ein sehr großes Interesse an Jungs zeigt" (siehe Anhang E, S. 122).

Laut Ansicht der Befragten sollte man die emotionalen Bedürfnisse der Teenager anhören, diese nicht beurteilen und nicht im Vorhinein mutmaßen, was diese Bedürfnisse seien. Instrumentale Bedürfnisse wie Aufmerksamkeit, sozialer Kontakt und Akzeptanz wurden als wichtige Bestandteile des Lebens von Teenagern beschrieben. Teilnehmer W erklärte: „Teenager brauchen Abwechslung. Extrovertierte Teenager brauchen Aufmerksamkeit von außen, aber introvertierte Teenager brauchen sozialen Kontakt und Akzeptanz" (siehe Anhang E, S. 168).

Thema 9 – Sofortige Befriedigung. Die Themen der sofortigen Befriedigung und des Wunsches nach Akzeptant waren komplex und mit den Schwierigkeiten verknüpft, die zu Begegnungen von Teenagern mit Internet-Verführern führen. Diese beiden Themen beeinträchtigen die Unterstützung, die die Eltern tatsächlich ihren Teenagern geben konnten. Formale Unterstützung, die elterliche Erziehung, Bildung und Strafverfolgung kombinierte, erforderte Durchhaltevermögen und schien Teenagern die beste Möglichkeit zu geben, Fähigkeiten zu entwickeln, um Verführer im Internet zu vermeiden.

Da diese Bedürfnisse häufig in verschiedene Gebiete übergreifen, könnte eine integrierte Vorgehensweise zwischen Eltern, Bildung und Strafjustiz gebildet werden. Teilnehmer C erklärte: „Teenager wollen sofortige Befriedigung. Sie wollen die erwachsene Beziehung haben, die sie im Fernsehen sehen" (siehe Anhang E, S. 168).

Thema 10 – Geringes Selbstwertgefühl. Die Aufmerksamkeit, die ein Teenager im Internet erhält, spielt eine Rolle in der Definition ihrer Identität und ihres Selbstwertgefühls. Laut Kaili und Tan (2010) berichteten Mädchen von vier grundlegenden geistigen Bedürfnissen: Körperwahrnehmung, ein Sinn des Selbst, Beziehungen und Zukunft. Die emotionalen Veränderungen der Teenager können ein Bedürfnis nach emotionaler Unterstützung begründen, das einen Dialog zwischen Eltern und Teenager fördert.

Die emotionalen und psychologischen Bedürfnisse von Heranwachsenden in ihrer Körperwahrnehmung, einem Sinn des Selbst, Beziehungen und ihrer Zukunft spiegeln eine tiefer liegende Suche nach einer stabilen, positiven Eigenidentität wider (Kaili & Tan, 2010). Ein Teenager, der von chronischen Sorgen um Eigenidentität, Selbstwertgefühl, Beziehungen und Akzeptanz gestresst ist, ist durch elterliche Unterstützung und Erziehung in der Lage, die Erfüllung dieser Bedürfnisse im Internet zu vermeiden.

Thema 11 – Verbesserte elterliche Unterstützung. Die Häufigkeit der elterlichen Unterstützungsmaßnahmen kann eine Beruhigung widerspiegeln, da Eltern eine bekannte Instanz sind, während bildungstechnische Unterstützungsmaßnahmen erfordern, dass man offen für Schulregeln und Kontakt mit Lehrern und Beratern ist (Valcke et al., 2010). Zwei Dimensionen werden in Bezug auf elterliche Erziehungsstile gegenüber dem Internet unterschieden: Elterliche Kontrolle und elterliche Wärme. Einstweilen boten Eltern, die „immer da" sind, eine beständige Quelle von emotionaler ebenso wie instrumentaler Unterstützung wie die Beobachtung ihrer Kinder, wenn sie im Internet surfen.

Teilnehmer F betonte die Bedeutung der „elterlichen Unterstützung und Verbindungen in der Schule. Eltern müssen Bescheid wissen" (siehe Anhang E, S. 134). Eltern finden es manchmal schwierig, ihre leicht manipulierten Teenager davon zu überzeugen, dass sie manipuliert werden und diese manipulativen Beziehungen zu verlassen. Aber selbst bei mehr legaler und medialer Aufmerksamkeit bleibt die Herausforderung für Eltern und andere Autoritäten dieselbe – dem Mädchen dabei zu helfen, ihre Situation klar zu erkennen, so dass sie diese tatsächlich verlassen will (Dominus, 2004).

Insgesamt betrachtet erklärten die Teilnehmer, dass Teenager nicht dazu neigen, ihre Eltern oder Freunde um Unterstützung zu bitten, obwohl formelle Unterstützungsmaßnahmen wie Schulpersonal, soziale Dienste oder Psychologen ebenso wie die Familie bereitwillig akzeptierte Unterstützungsmaßnahmen sind. Eine starke Tendenz vieler Teilnehmer war es, elterliche Aufsicht zu befürworten, wie Pilot-Teilnehmer 3 beschreibt: „Mehr elterliche Aufsicht und mehr elterliche Involvierung würden helfen" (siehe Anhang F, S. 187). Leicht manipulierte Teenager und Teenager, die denken, dass sie reif sind, waren Unterthemen in der Rolle, die die Teenager-Persönlichkeit spielt.

Elterlicher Kontakt war wichtig für die Teilnehmer, um Teenager dabei zu helfen, einzusehen, dass sie manipuliert werden. Dominus (2004) erklärt, dass bei Personen, die Teenager missbrauchen, Gewalt oft Manipulation vorausgeht. Manchmal beginnt dies mit einem Mobiltelefon als Geschenk, dass ein Mittel wird, jeden ihrer Schritte zu verfolgen. Teilnehmer S teilte die folgende Sicht: „Er [der Verführer] war sehr gut darin, ihre Gefühle und Schwächen zu manipulieren. Er lernte sie wirklich gut kennen und übernahm eine elterliche Rolle, wenn dies passte, oder war sehr liebenswert ihr gegenüber als partnerschaftlicher Freund" (siehe Anhang E. S. 160).

Thema 12 – Verbesserte Bildung. Eine Reihe von Lehrern erwähnte, dass Bildung dabei helfen würde, sexuelle Übergriffe auf Teenager im Internet zu verhindern. Teilnehmer E sagte hierzu: „Mehr Gemeinschaftsbildung und Bewusstsein und elterliche Aufsicht sind nötig" (siehe Anhang E, S. 134). Laut Dombrowski, LeMasney, Ahia und Dickson (2004) könnte man, wenn man versucht Kinder vor sexuellen Bitten im Internet zu schützen versucht, nicht nut technologische, sondern auch psychoedukative Maßnahmen des Schutzes berücksichtigen. Bessere Bildung könnte möglicherweise dabei helfen, Teenager vor Internet-Verführern zu schützen. Teilnehmer T erklärte: „[Bildung kann] ihnen [den Teenagern] klarmachen, dass sie nicht wissen, mit wem sie sprechen" (siehe Anhang E, S. 134).

Thema 13 – Verbesserte Strafverfolgung. Unterstützung für bessere Strafverfolgung oder Unterstützung von gleichaltrigen Teenagern erhielten in den Berichten der Teilnehmer weniger unmittelbare Anerkennung als Wege, um Übergriffe auf Teenager im Internet zu verhindern, aber wurden als Mittel zur Verhinderung von Kontakt mit Internet-Verführern betrachtet. Die Teilnehmer würdigten Gemeinschaftsbewusstsein und Schulsicherheitshinweise als hilfreich für Teenager. Weitere formelle Unterstützungsressourcen, die von den Teilnehmern identifiziert wurden, waren Programme nach der Schule und soziale Aktivitäten. Alle Teilnehmer glaubten, dass Teenager ein gewisses Maß an Unterstützung von Eltern und ihrer örtlichen Highschool erhalten könnten.

Beschränkungen des Leitfadens

Beschränkungen im vorliegenden Leitfaden beziehen sich auf (a) das Studiendesign, (b) die Befangenheit der Forscher, (c) das kleine geographische Gebiet und (d) die Nutzung persönlicher Interviews. In einer phänomenologischen Studie leiten Interaktion und Interpretation den Prozess mit den Teilnehmern und die Datensammlung (Burns & Grove, 2001). Interviewdaten können nicht reproduziert werden, wie dies bei einer quantitativen Forschungsmethode geschehen würde.

Eine kleine Größe der Stichprobe, ein weiteres Kennzeichen von qualitativen Studien, limitiert die Fähigkeit, die Studienerkenntnisse zu verallgemeinern: Auch limitiert die zweckmäßig ausgewählte Stichprobe die Datensammlung nur auf Teilnehmer, die das untersuchte Phänomen erfahren haben (Burns & Grove, 2001). Diese Stichprobe ist auf Lehrer/Berater beschränkt, die tatsächliche Erfahrung in der Beratung von Opfern sexueller Übergriffe auf Teenager im Internet haben. Subjektivität ist eine potentielle Beschränkung in einer qualitativen, phänomenologischen Studie und erfordert Annerkennung von möglichen Vorurteilen (Neuman, 2003).

Identifizierte mögliche Vorurteile beinhalten, dass der Forscher eine Reihe von Dokumentationen zum Phänomen sexueller Übergriffe auf Teenager im Internet angesehen hat. Um die Effekte möglicher Vorurteile zu mindern, folgten die Interviews den Interviewfragen und konzentrierten sich fest auf die Erzählungen und Antworten der Teilnehmer bezüglich ihrer Erfahrungen, die dann in ihrer Gesamtheit übertragen wurden, um die Nachvollziehbarkeit der

Untersuchung beizubehalten. Persönliche Interviews führen ebenfalls Beschränkungen ein, da die Antworten der Teilnehmer so wie sie berichtet werden als wahrheitsgetreue Darstellungen betrachtet werden (Shank, 2002).

Darüber hinaus teilten die Teilnehmer aufgrund der persönlichen Natur der Interviews oft Erfahrungen jenseits derjenigen, die untersucht wurden. Während der Pilotstudie erkannte der Interviewer, dass der interaktive Ton des halb strukturierten Interviews den Teilnehmern ermöglichte, andere persönliche Geschichten zu teilen. Um den Fokus des Interviews beizubehalten, wurden die Interviewfragen vor und während des Interviews mit dem Teilnehmer durchgesprochen.

Wenn die Teilnehmer sprunghafte Daten ausdrückten, wurden ihre Kommentare in einer neutralen Weise anerkannt oder neu ausgerichtet, um Klarheit und Verständlichkeit zu gewährleisten. Die Nutzung einer interaktiven Vorgehensweise gestattete dem jeweiligen Teilnehmer, offen seine oder ihre Gedanken auszudrücken und kann sowohl dem Befragten als auch dem Fragesteller Einsichten geliefert haben K'Vale, 1996; Shank, 2002).

Empfehlungen für zukünftige Forschung

Die Empfehlungen für zukünftige Forschung würden das Design des Leitfadens verbessern, indem die erwähnten Beschränkungen der Studie bewältigt werden könnten: (a) Änderung des Wortlauts der Interviewfragen, (b) Nutzung einer Stichprobe von betroffenen Teenagern und (c) Identifikation von Eltern, die konkret mit jugendlichen Opfern zu tun haben. In der zukünftiger Forschung würde sich eine Formulierung der Fragen in einer persönlicheren Art empfehlen, sodass die Befragten dem Forscher die genauen Umstände mitteilen können, die zu Treffen von Teenagern mit einem Verführer im Internet führen. Ebenso hilfreich wäre eine Erweiterung von Interviewfrage 5, indem gefragt würde: Welche Form der Unterstützung hätte verhindern können, dass du einem Verführer begegnest (falls die tatsächlich betroffenen Teenager befragt würden)? Ebenso Interviewfrage 6: Was war am wenigsten hilfreich für dich?

Die zweckmäßig ausgewählte Stichprobe der Lehrer für diesen Leitfaden arbeitete mit Teenagern in örtlichen Highschools. Lehrer aus Schulen für spezielle Bildung wurden nicht in der Forschungsstichprobe berücksichtigt, weil der Literaturüberblick geringere Internet-Nutzung unter Teenagern, die eine spezielle Bildungseinrichtung besuchten, ergab. Mit Fortschreiten der Forschungsstudie wurde eine Unterscheidung in der Art der Unterstützung, die die Befragten für Teenager empfahlen gefunden, abhängig davon, ob diese selbst Kinder hatten.

Lehrer mit Kindern empfahlen öfter gesteigerte elterliche Unterstützung als diejenigen, die keine Kinder hatten. Zukünftige Studien würden von einer Einengung der zweckmäßig ausgewählten Stichprobe nur auf die Lehrer mit eigenen Kindern oder diejenigen ohne Kinder profitieren. Diese vergleichende Studie würde dann die Antworten der Lehrer mit Kindern mit den Antworten derjenigen ohne Kinder vergleichen. Weiterhin empfahlen Teilnehmer mit Kindern einen größeren Mix von formeller und informeller Unterstützung für Teenager. Siebenundvierzig Prozent der Befragten berichteten, dass eine gewisse Form der elterlichen Unterstützung nötig war, um zu verhindern, dass Teenager Internet-Verführern zum Opfer fallen.

Elterliche Unterstützung beeinflusst möglicherweise die Idee der Teenager, sich akzeptiert zu fühlen. Zukünftige Studien würden von einer Identifikation von Unterstützungsressourcen in der frühen Phase des Interviews profitieren. Ein weiter Vorschlag zur Untersuchung würde die Berücksichtigung von gleichaltrigen Teenagern als Quelle der Unterstützung sein. Wurtele und Kenny (2010) teilten ihre Sicht, dass der Schutz der Kinder und Bemühungen, die Häufigkeit dieser möglichen sexuellen Straftaten im Kindern in Form von Bildungsmaßnahmen erzielt werden könnten.

Neue Forschungsgebiete, die anhand der Erkenntnisse dieses Leitfadens empfohlen werden können, würden die Erläuterung von Maßnahmen, die eine sichere Nutzung des Internets durch Teenager unterstützen, fortsetzen. Die Forschung in den Disziplinen der elterlichen Erziehung, Bildung und der Strafverfolgung wurden profitieren, wenn ihre einzigartigen Dienste und Interaktionen mit Teenagern untersucht würden, um aus diesen Interventionen resultierenden Ergebnisse bestimmt würden. Besonders nutzbringend wäre eine längs verlaufende Studie der Ergebnisse. Eine längs verlaufende Studie zu Opfern sexueller Übergriffe auf Teenager im Internet würde Daten liefern über ihre Entwicklung bei (a) der Nutzung bestimmter Unterstützungsmaßnahmen, (b) Änderungen, die durch die Unterstützungsmaßnahmen wie etwa neuen Bildungsprogrammen, initiiert werden und (c) Änderungen, die durch den Teilnehmer initiiert werden wie Patenschaft, Interventionen und Beratung für Teenager.

Ein weiteres Gebiet für Forscher könnte die Untersuchung interdisziplinärer Zusammenarbeit zur Verhinderung von Internet-Übergriffen auf Teenager sein. Gebiete, die untersucht werden könnten, könnten elterliche Erziehung, Bildung und Strafverfolgung oder eine Kombination von zwei oder mehr Disziplinen, die kooperativ mit Teenagern arbeiten, beinhalten. Forschung über die Integration von Diensten kann die Zusammenarbeit zwischen Dienstleistern und Teenagern verbessern, kostspielige Verdopplung von Diensten eliminieren und den Wettbewerb um Fördergelder mindern (Welch, 2007).

Andere Forscher mögen wünschen, eine quantitative Studie zu nutzen, um zu untersuchen, ob es eine Korrelation zwischen der Anzahl der Elternteile in einem Haushalt und ihrer Auswirkung auf das Internet-Verhalten der Teenager gibt. Eine Studie dieser Art könnte sowohl Haushalte mit nur einem Elternteil als auch Haushalte, bei denen beide Eltern präsent sind, als Stichprobe für die Studie nutzen. Weitere Recherchen könnten zu einer quantitativen, erläuternden Studie führen, um zu untersuchen, welche Auswirkung eine Beziehung mit älteren Teenagern oder Geschwistern auf jüngere Teenager hat, wie diese Unterstützung ihre Internet-Wahl beeinflusst und ein allgemeiner Sinn des Wohlbefindens.

Ein kausales Model könnte vielversprechend sein, um die kausale Beziehung offenzulegen. Korrelation kann dies nicht leisten. Forschung zur familiären Situation bei Unterstützung der Internet-Nutzung der Teenager könnte das Wissen über die Dynamik einer Familie während dieser herausfordernden Periode steigern. Beziehungen zu Gleichaltrigen und Geschwistern von Teenagern aus einer geschlechtsspezifischen Perspektive während einer Periode, in der Teenager das Internet intensiv nutzen könnten Forscher zu Wissen über Identitätsänderungen, Identitätskonflikte ebenso wie den Nutzen von Beziehungen von Teenagern mit Gleichaltrigen oder Geschwistern während dieser Periode führen. Teilnehmer A erklärte: „Ich denke,

Jugendliche reagieren gut auf Gruppen von Gleichaltrigen" (siehe Anhang E. S. 122).

Schlussfolgerungen und Empfehlungen für Praktiker

Erzieher, politische Entscheidungsträger und Führer in den Disziplinen der elterlichen Erziehung, Bildung und Strafverfolgung können die folgenden Schlussfolgerungen und Empfehlungen nutzen. Die Erkenntnisse aus dieser Studie können denjenigen, die mit Teenagern arbeiten, neue Informationen liefern. Weiterhin können neue Ideen für die Bereitstellung von Unterstützungsmaßnahmen und Diensten für Teenager entwickelt werden.

Empfehlungen für Eltern. Die Eltern und Großeltern liefern einen entscheidenden Grad der Unterstützung, emotional wie instrumental, in den Leben der Teenager. Teilnehmer Y glaubt: „Elterliche Aufsicht ist nötig, aber Eltern sind vielbeschäftigt und Lehrern können auch nur ihr Möglichstes tun" (siehe Anhang E, S. 172). Eltern könnten besorgt sein über die wachsende Internet-Nutzung der Teenager. Trotz der vielen Vorteile hat das explosionsartige Wachstum in der Popularität dieser sozialen Netzwerke unter den Eltern Besorgnis erzeugt über die möglichen Risiken der Preisgabe persönlicher Informationen und den Kontakt mit Fremden, von denen einige sexuelle Verführer sein könnten (Wurtele & Kenny, 2010).

Die Intensivierung der elterlichen Aufsicht und Kontrolle der Internet-Nutzung durch Teenager wurde von den Teilnehmern als nutzbringend für die Prävention sexueller Übergriffe auf Teenager im Internet betrachtet. Indem Eltern Fernsehdokumentationen ansehen oder lokale und regionale Publikationen lesen, können diese Informationen an ihre Kinder weitergeben. Die Medien haben elterliche Sorge genährt, indem diese vor Cyber-Verführern gewarnt wurden, die Internet-Profile und soziale Netzwerke durchstöbern, um mögliche Ziele zu identifizieren (Wurtele & Kenny, 2010).

Eltern können regelmäßige Updates und die Verteilung von Informationen über Internet-Verführer an ihre Teenager richten. Nur 25% der Jugendliche, die ein sexuelles Ansuchen im Internet erhielten, informierten ein Elternteil

(Wurtele & Kenny, 2010). Eine weitere Komponente, die Eltern entwickeln können, ist ein Netzwerk der Kommunikation mit anderen Eltern, um Fürsorge und Rollen-Modellierung für ihre Teenager zu ermutigen.

Empfehlungen für Erzieher und Psychologen. Im Allgemeinen konzentriert sich die Bildung für Teenager auf die Lerninhalte und legt keine Priorität auf die emotionalen Sorgen von Teenagern. Die öffentliche Bildung tendiert unglücklicherweise dazu, ein größeres Gewicht auf die akademischen Leistungen zu legen und die vielseitigen Dimensionen von Menschen zu ignorieren. Im Ergebnis scheitert diese oft daran, den Schülern dabei zu helfen, ihre inneren, menschlichen Potentiale zu maximieren (Kaili & Tan, 2010). Schlussfolgerungen aus diesem Leitfaden, die örtliche Bildungsträger unterstützen würden sind (a) das Training des Lehrpersonals über eine angemessene Nutzung des Internets, (b) Die Bereitstellung von Unterstützung und das Erreichen von jugendlichen Opfern sexueller Übergriffe im Internet, die einheitlich, leicht zu finden und klar sind und (c) der individuelle Zuschnitt von Diensten und Unterstützungsmaßnahmen auf diese Teenager.

Findings in this guide suggest education personnel and mental health professionals have a key opportunity to recognize and develop supportive relationships with teenagers to prevent them from falling victim to Internet predators. Educating parents as well is required, as they did not grow up with ubiquitous digital technology. Educational service staff may be encouraged to have training about needs of teenaged Internet users as well as how best to interact in a helping manner.

Die Erkenntnisse in diesem Leitfaden legen nahe, dass Bildungspersonal und Psychologen eine entscheidende Möglichkeit haben, um unterstützende Beziehungen mit Teenagern zu erkennen und zu entwickeln, um zu verhindern, dass diese Internet-Verführern zum Opfer fallen. Die Erziehung der Eltern ist ebenfalls notwendig, da diese nicht mit der allgegenwärtigen digitalen Technologie aufgewachsen sind. Bildungstechnisches Servicepersonal kann dazu ermutigt werden, Training bezüglich der Bedürfnisse von jugendlichen Internet-Nutzern zu durchlaufen ebenso wie die Wege, auf denen sie am besten in einer hilfreichen Weise mit den Jugendlichen interagieren können.

Empfehlungen für die Strafverfolgung. Die Strafverfolgung ist sich der wachsenden Bevölkerung der Opfer sexueller Übergriffe auf Teenager im Internet, insbesondere derjenigen in sozialen Netzwerken und Chat-Räumen, bewusst. Aktuelle Informationen sind notwendig, um effektive Vorgehensweisen in der Unterstützung verletzlicher Teenager-Opfer zu steuern. Teilnehmer L erklärt: „Strafverfolgung und Eltern sind immer die letzten, die Bescheid wissen. Kinder haben versteckte Leben" (siehe Anhang E, S. 146). Dieser Leitfaden ergänzt die Informationen, weil die Erkenntnisse die Bedeutung der Unterstützung der Strafverfolgung illustrieren, insbesondere von Verführer-Hotlines als erste Kontaktstelle für Informationen und Hilfe für diese Teenager.

Sexuelle Übergriffe auf Teenager im Internet verdienen Aufmerksamkeit aufgrund ihrer Bedeutung für die emotionale Entwicklung von Teenagern und den Auswirkungen, die dies später in ihren Leben haben wird. Die Verantwortlichen der Strafverfolgung können dieses Wissen nutzen, um eine umfassende Verteilung der Informationen an die Gemeinschaft, die jugendliche Internet-Nutzer umgibt, zu befürworten. Laut Soster und Drenten (2010) haben die meisten Staaten Gesetze, die Schulen dazu verpflichten, Strafen für elektronische Belästigung in ihre Sicherheitspolitiken (z.B. Suspendierung/Ausschluss) zu integrieren ebenso wie Gesetze zu elektronischer Nachstellung/Belästigung. Die darin vorgesehenen Strafen beinhalten Bußgelder und Gefängnisstrafen.

Verantwortliche der Strafverfolgung würden auch zugängliche Programme befürworten, die sich auf die primären Probleme, die zu sexuellen Übergriffen auf Teenager im Internet beitragen konzentrieren. Verantwortliche der Strafverfolgung könnten Koalitionen schaffen, indem sie Kommunikation fördern. Welch (2007) verficht, dass Kommunikation entscheidend ist und drängte Führer der Gemeinschaft dazu, aufgeschlossen zu bleiben und anderen Interessenvertretern zuzuhören, wenn sie eine gemeinsamen Vorsatz und Wert schaffen. Die Befragten in dem vorliegenden Leitfaden teilten ihren Unmut darüber, dass sich die Strafverfolgung nicht in ausreichendem Maße auf das Problem sexueller Übergriffe auf Teenager im Internet konzentriert.

Verantwortliche der Strafverfolgung haben eine Verantwortung dafür, dass faire, respektvolle und vertrauliche Dienste an jugendliche Opfer gegeben werden. Die Erkenntnisse können von Verantwortlichen der Strafverfolgung genutzt werden, um ihrem Personal Informationen zu liefern und Training anzuleiten, indem sie für Probleme sexueller Übergriffe auf Teenager im Internet sensibilisiert werden. Inhalt des Trainings wären Charakteristiken, die Zuhören und Vertrauen fördern und die Bedeutung der Anerkennung von und Zusammenarbeit mit informellen Unterstützungsdiensten, in erster Linie Familien und Erziehern.

Schließlich verdienen die Verführer die härtesten Strafen, die verfügbar sind. Natalie (n.d.) erklärte, dass das Problem immer existieren wird, aber mit der geeigneten Bildung für Eltern und Kinder und fortgesetzten Verbesserungen durch die Strafverfolgung werden wir es bewältigen. Der Abgeordnete Robert (n.d.) erklärte, dass Facebook® basierend auf mögliche Schikanierung von jungen Leuten durch Internet-Verführer zugestimmt an, einen Panik-Knopf auf Nutzerseiten auf seiner britischen Webseite zu installieren. So kann verdächtiges Verhalten sofort an die Behörden gemeldet werden.

Empfehlungen für politische Entscheidungsträger. Anerkennung der hohen Verletzbarkeit von Teenagern im Internet legt politischen Entscheidungsträgern die Notwendigkeit nahe, Informationen darüber, wie Teenager das Internet nutzen, weithin zu verteilen. Besonders alarmierend ist, dass Teenager selten ihre Eltern informieren, wenn sie sexuelle Ansuchen im Internet erhalten (Wurtele & Kenny, 2010). Wie auch Erzieher können politische Entscheidungsträger persönliche, emotionale und instrumentelle Mittel zur Unterstützung von Teenagern thematisieren. Politische Entscheidungsträger können die Erkenntnisse aus dieser Forschung nutzen, um spezifische Dienste an jugendliche Internet-Nutzer zu richten. Teilnehmer X erklärte: „Teenager benötigen weniger Zugang zum Computer und mehr Zugang zu Sport und offenen Turnhallen" (siehe Anhang E, S. 170).

Reflektionen: Eine investigative Reise. Forscher gewinnen ganz offensichtlich davon, eine investigative Reise einzugehen. Die Möglichkeit, eine Leidenschaft zum Schutz von Teenagern zu verfolgen und Eltern zu helfen, ist die Belohnung am Ende dieser Reise. An diesem Ende werden die Forscher, die für gewöhnlich selbst auch Praktiker und Verantwortliche sind, in eine fortgeschrittene Welt der Informierten hineingeführt.

Derartige persönliche Gewinne würden trotz ihrer Bedeutung als Meilensteine im persönlichen Wachstum hohl klingen, wenn sie nicht den nutzbringenden

Zielen fortgeschrittener Studien zur Steigerung des globalen Wissens und dem Beitrag zur Gesellschaft verpflichtet wären. Dieser Forscher hofft, dass diese Forschungsanstrengung diese Ziele innerhalb ihrer inhärenten und praktischen Grenzen erfüllt hat. Diese investigative Reise wurde nach mehr als drei Jahrzehnten Praxis in der Computer- und Internet-Entwicklung angetreten. Dies waren dieselben Fundamente in der Praxis, die den Forscher dazu verpflichteten, dafür Sorge zu tragen, dass keine Vorurteile in diese Studie einfließen. Eindeutig war die Zeit gekommen, um sich der Forschung für Erfrischung und weiteres Wachstum einer vielfältigeren Natur zuzuwenden.

Als ein investigativer Anfänger profitierte und wuchs dieser Forscher von/an der Unterstützung einer fürsorglichen und vorbereiteten Fakultät und produktiven Interaktionen mit wissenschaftlichen Kollegen, von denen keiner dieselben Reisen in der Führung unternommen, hatte. Daher waren ihre Ideen umso wertvoller. In der Management- und Organisationsführungsriege boten Doktorantenstellen, Vermittler und Autoren die transformationelle Führung und organisatorische Entwicklungsideen, die Phänomene in Worte kleideten, die Anfänger zwar vorher gesehen hatten, aber darum rangen zu beschreiben. Als die Schatten in dieser Untersuchung begannen, lang zu wachsen, war es Zeit, das favorisierte Privileg des doktoralen Anfängers geltend zu machen – die Möglichkeit, einer Leidenschaft nachzugehen als Mittel, um zum Wissen beizutragen.

Als dieser Forscher wiederholt Mitgefühl von Lehrern/Beratern antraf und über das Beharren von Autoren auf der Wichtigkeit des Respekts wie er in ihrer Literatur ausgedrückt ist nachsinnte, wurde der Wert des eigenen Mitgefühls deutlich. Die für diesen Leitfaden durchgeführte Forschung zum Phänomen sexueller Übergriffe auf Teenager im Internet enthüllte, dass Lehrer/Berater aufgrund ihrer gelebten Erfahrungen von Mitgefühl wussten. Vielleicht könnten wir glauben, dass alle Internet-Nutzer mit der Zeit lernen, Respekt und Mitgefühl für andere zu haben.

Die Schlussfolgerung der Prävention von Übergriffen auf Teenager im Internet bestätigten die von Preston (2007) angebotenen oder implizierten Ideen, dass es Zeit ist, sich von fehlgeschlagenen Mustern der Regulierung durch die Regierung zu verabschieden und zu betrachten, wie die Internet-Architektur genutzt werden kann, um eine positive Umgebung zu schaffen, anstatt zu resignieren oder vorzugeben, dass jeder Teenager mit einer anständigen öffentlichen Erziehung einen Filter umgehen kann. Während die Datensammlung an einer Highschool im mittleren Westen der USA unternommen wurde, wurde in diesem Schlusskapitel des Forschers eine Reflektion formuliert: Wenn sie es tun können, sollten nicht fortgeschrittene Forscher, Führer und Praktiker ihre Bemühungen erneuern, mit Mitgefühl die Hand auszustrecken? So schließt diese doktorale Reise – an einem neuen Kapitel.

Rückblick

Das Ziel dieses Leitfadens war, die Gründe dafür zu erforschen, dass 13- bis 17.jährige Teenager Kinder-Verführern im Internet zum Opfer fallen. Als Ergebnis der Pilotstudie wurde die Abfolge der Interviewfragen geändert, um den Dialog mit dem Teilnehmer zu verbessern. Die Änderung beinhaltete die Reduktion der demographischen Fragen, um die Privatsphäre der Befragten zu schützen. Darauf folgte eine große Rundlauf-Frage über die Sicht der Teilnehmer zu den Umständen, die zu sexuellen Übergriffen auf Teenager im Internet führen. Schließlich die Interviewfragen 2, 3, 4 und 5 über Werkzeuge, Persönlichkeit, Bedürfnisse und Unterstützung.

Die Wiederholung der Bedeutung von ‚Unterstützung' mit dem Teilnehmer wurde als hilfreich und notwendig während des Interviews empfunden ebenso wie die Aushändigung einer geschriebenen Kopie der Interviewfragen an den Teilnehmer zur Einsicht während des Interviews. Diese Änderungen verbesserten den Fluss und halfen dabei, das Interview zu fokussieren. Eine Gesamtsumme von 25 Interviews wurde im Anschluss an eine Pilotstudie mit fünf Highschool-Lehrern durchgeführt.

Die zweckmäßig ausgewählte Stichprobe war ethnisch vielfältig, mit Weißen, Schwarzen, Hispanoamerikanern und einem Pazifikinsulaner. Es wurden fünf Themen unter Nutzung einer modifizierten Van Kaam-Methode identifiziert. Die identifizierten Themen waren: (a) Umstände, die zu sexuellen Übergriffen auf Teenager im Internet führen, (b) benutzte Werkzeuge, (c) Rolle der Teenager-Persönlichkeit, (d) Rolle der Teenager-Bedürfnisse und (e) Präventionsunterstützung.

Es wurden Unterkategorien innerhalb jedes Themas aus den Daten der Teilnehmer kategorisiert. Die Themen und Unterkategorien lieferten die Basis für die Schlussfolgerungen und Empfehlungen aus dieser Forschung- Laut Pearse (2009) ist der Start der Regierungsinitiative ‚Klick sicher, klick clever' des britischen Rats zur Kinder-Internet-Sicherheit das Ergebnis eines von Gordon Brown vor zwei Jahren initiierten Berichtes, in dem er sagte: „[Ich bin] nicht an Zensur interessiert, aber wir brauchen Regeln, die Aspekte des Internets regeln, wo Kinder involviert sind."

Die variierenden Ebenen der Unterstützung – Eltern, Schulen und Strafverfolgung – liefern einen Kontext für Teenager und ihre Familien darüber, wie Teenager sich selbst in Bezug zu den verfügbaren Ressourcen sehen. Das System der persönlichen Unterstützung beinhaltet Eltern, Schulen und Strafverfolgung, die die alltäglichen Leben der Teenager beeinflussen. Das System der strategischen Unterstützung ist mehr entfernt vom alltäglichen Leben der Teenager, obwohl politische Entscheidungsträger den Teenager beeinflussen durch die Unterstützung, die verfügbar ist, und die Länge der Unterstützung.

Schließlich beeinflusst das System der strategischen Unterstützung, ein Überspann der kulturellen Sitten der Gemeinschaft, wie der Teenager wahrgenommen wird und den Wert seiner oder ihrer Bedürfnisse. Basierend auf den Ergebnissen dieser phänomenologischen Forschung erhalten die Teenager Unterstützung von den Curricula und Freunden an der Schule, meistens von Informationen, die ihren informellen Gruppen Gleichaltriger geteilt werden. Die Teilnehmer verfügten eher über eine weitere Bandbreite von sozialen Unterstützungsmaßnahmen, wenn sie Teil von außerschulischen Aktivitäten wie einer Band oder Sportvereinen waren.

Berson und Berson (2003) gaben an, dass in Schulen die Notwendigkeit, Verhalten im Cyberspace zu regulieren und mögliche und tatsächliche Risiken für Kinder zu minimieren, Überwachung von schädigenden Interaktionen erfordert hat. Die Teilnehmer erklärten, dass Unterstützung wichtig war für instrumentelle Hilfe, emotionalen Rückhalt für die Teenager und für ihre persönlichen Bedürfnisse. Die Unterstützung wurde verbessert, wenn der Teilnehmer berichtete, dass den Teenagern zugehört wurde, sie Vertrauen hatten und wussten, dass die Unterstützung verlässlich war. Insgesamt berichteten die Teilnehmer, dass der Großteil der Unterstützung, den Teenager zuhause benötigten von den Eltern kam, während der Großteil der Unterstützung aus der Schule von Lehrern und Beratern kam.

Fazit

Kapitel 5 beinhaltete die Schlussfolgerungen, Beschränkungen, Empfehlungen, die Zusammenfassung und die Schlussbetrachtungen der Studie ‚Wie Kinder vor Internet-Verführern geschützt werden können'. Diese phänomenologische Untersuchung fand heraus, dass elterliche Aufsicht, Bildung und Unterstützung durch die Strafverfolgung die Hauptquelle der Unterstützung für Teenager waren, um ihnen zu helfen, Treffen mit Verführern im Internet zu vermeiden. Die Sicherheit und das Wohlergehen von Kindern sind von höchster Wichtigkeit für Schulen und Erzieher spielen eine wichtige Rolle darin, das Versäumnis der präventiven Intervention zu behandeln (Berson & Berson, 2003).

Diese Erkenntnis ist wichtig aufgrund der Auswirkungen für Eltern, Erzieher und Strafverfolgung, wenn sie Unterstützungsmaßnahmen für Teenager planen und umsetzen. Zwei empfohlene Maßnahmen waren mehr elterliche Aufsicht und mehr positive außerschulische Aktivität, um Teenager beschäftigt zu halten. Eine weitere wichtige Erkenntnis für diese Stichprobe war der Bedarf an gesundem Curriculum, Hobbys und sozialen Aktivitäten.

Teenager nutzen diese Aktivitäten an der Schule am wahrscheinlichsten durch erzieherische Unterstützung durch Lehrer, Berater und Freunde. Durch ihre Eltern können Teenager emotionale, persönliche und bisweilen auch instrumentelle Hilfe erhalten, um zu verhindern, dass sie Beziehungen im Internet suchen. (Psychologische) Beratung für jugendliche Opfer sexueller Übergriffe im Internet war keine bedeutsame Erkenntnis.

Ein Mangel an (psychologischer) Beratung wirft Fragen auf zur Verfügbarkeit solcher Beratung in Schulen, während derartige Dienste auch von kulturellen Werten beeinflusst werden. Eine subtile Erkenntnis dieses Leitfadens, die nicht in der Literatur zu finden ist, war, dass einige Teenager unter Hyperaktivitätsstörungen leiden können, was es schwierig für sie macht, normale Beziehungen zu bilden. Dies führt dann zu Beziehungen im Internet. Weitere Forschung kann erforschen, wie elterliche Aufsicht der Internet-

Nutzung der Teenager einen Teenager davon abhalten kann, sich auf einen Internet-Verführer einzulassen.

Es ist unerlässlich für Schulen, den Umfang des Problems sexueller Übergriffe im Internet zu erkennen, weil eine gesunde Internet-Nutzung der Teenager entscheidend für die Gesundheit der Gemeinschaft im Allgemeinen ist. Kinder sind typischerweise naiv in Bezug auf Gefahren im Cyberspace und Eltern sind oft nicht genügend mit den Mechanismen vertraut, um diese Angelegenheiten anzugehen (Berson & Berson, 2003). Die Ergebnisse des vorliegenden Leitfadens sind ähnlich mit denen vorhergehender Studien und Eltern können die Ergebnisse nutzen, um die Entwicklung effektiver Unterstützungsmaßnahmen für jugendliche Internet-Nutzer zu verfechten. Das kann die Fähigkeit der Teenager steigern, Internet-Verführer zu erkennen und das Risiko, ihnen zum Opfer zu fallen, mindern.

Referenzen

(2008). Child-porn ring nabbed; Internet fuels abuse, say federal officials. *Contemporary Sexuality*, *36*(4), 8. Retrieved from Academic Search Complete database

(2008). Internet law – Communications decency act – Texas district court extends § 230 immunity to social networking sites -- Doe v. MySpace™, Inc., 474 F. Supp. 2d 843 (W.D. Tex. 2007). *Harvard Law Review*, *121*(3), 930-937. Retrieved from Business Source Complete database

(2008). Protecting children and teens from cyber-harm. Certain patterns of behavior confer risk; here's what the research shows. *The Harvard Mental Health Letter / From Harvard Medical School*, *25*(1)*,* 4-5. Retrieved from MEDLINE with Full Text database

Akers, A., Muhammad, M., & Corbie-Smith, G. (2010). "When you got nothing to do, you do somebody": A community's perceptions of neighborhood effects on adolescent sexual behaviors. *Social Science & Medicine*, *72,* 91-99. doi:10.1016/j.socscimed.2010.09.035

Anonymous, (2005). Internet predator jailed for grooming 2 victims; 10 years for chatroom fiend. *Evening Times* (Glasgow)

Anonymous, (2011). FBI seeking email, Facebook access in Phylicia Barnes case, *The Capital*, A.4

Arizona Department of Education (2010). *2009 Arizona youth risk behavior survey trend report*

Ashley, J. (2008). *Child sex exploitation study probes extent of victimization in Illinois,* Research Bulletin, Vol. 6, No. 2, Illinois Criminal Justice Information Authority

Bagwell, K. (2009). Study finds increase in arrests of online child predators. *Education Daily*, *42*(97), 3

Bates, A., & Metcalf, C. (2007). A psychometric comparison of internet and non-internet sex offenders from a community treatment sample. *Journal of Sexual Aggression*, *13*(1), 11-20. doi:10.1080/13552600701365654

Benner, P. (1994). *Interpretive phenomenology: Embodiment caring, and ethics in health and illness*. Sage Publications Inc.

Berson, M. J., & Berson, I. R. (2003). Lessons learned about schools and their responsibility to foster safety online. *Journal of School Violence, 2*(1), 105-17

Bower, B. (2008). Internet seduction, *Science News,* Washington: Vol. 173, Issue 8.

Burgess, A., Mahoney, M., Visk, J., & Morgenbesser, L. (2008). Cyber child sexual exploitation. *Journal of Psychosocial Nursing & Mental Health Services, 46*(9), 38-45. Retrieved from CINAHL Plus with Full Text database

Burns, N. & Grove, S. (2001). *The practice of nursing research: Conduct, critique and utilization (4th ed)*. W.B. Saunders: Philadelphia, Pennsylvania, USA

Byron, A. (n.d.). Sex predators stalk social media. *USA Today*

Chael, J. (n.d.). Child Internet pornography protection, *FDCH Congressional Testimony*

Chien, C., & Hsinyi, P. (2011). Promoting awareness of Internet safety in Taiwan in-service teacher education: A ten-year experience. *The Internet and Higher Education, 14*(Special Issue; The Internet and Teacher Education: An Asian Experience), 44-53. doi:10.1016/j.iheduc.2010.03.006

Cho, J., & Trent, A. (2006). Validity in qualitative research revisited. *Qualitative Research, 6*, 319-340. doi:10.1177/1468794106065006

Choo, K. (2009). Responding to online child sexual grooming: An industry perspective. *Trends & Issues in Crime & Criminal Justice*, (379), 1-6. Retrieved from SocINDEX with Full Text database

Cordner, S. (2012, April). *Child porn crackdown heads to House floor*. Retrieved from http://news.wsfu.org

Creswell, J. (2008). *Educational research: Planning, conducting, and evaluating quantitative and qualitative research* (2nd ed.). Upper Saddle River, NJ: Merrill Prentice-Hall

Creswell, J. (2002). *Educational research: Planning, conducting, and evaluating quantitative and qualitative research*. Upper Saddle River, NJ: Merrill, Prentice Hall

Critchlow, K. A. (2005). A phenomenological study of the career accession of African American females into community college presidencies. Dissertation, UMI#3202464. Retrieved from ebscohost

DeFranco, J. F. (2011). Teaching Internet security, safety in our classrooms. Techniques: Connecting Education & Careers, 86(5), 52

Desjarlais, M., & Willoughby, T. (2010). A longitudinal study of the relation between adolescent boys and girls' computer use with friends and friendship quality: Support for the social compensation or the rich-get-richer hypothesis? Computers in Human Behavior, 26(5), 896-905, ISSN 0747-5632, 10.1016/j.chb.2010.02.004

Rimington, D., & Gast, J. (2007). Cybersex use and abuse: Implications for health education. American Journal of Health Education, 38(1), 34-40. Retrieved from ProQuest Nursing & Allied Health Source. (Document ID: 1207770421)

Dombrowski, S. C., LeMasney, J. W., Ahia, C., & Dickson, S. A. (2004). Protecting children from online sexual predators: Technological, psychoeducational, and legal considerations. Professional Psychology: Research And Practice, 35(1), 65-73. doi:10.1037/0735-7028.35.1.65

Dombrowski, S., Gischlar, K., & Durst, T. (2007). Safeguarding young people from cyber pornography and cyber sexual predation: A major dilemma of the internet. Child Abuse Review, 16(3), 153-170. Retrieved from Academic Search Complete database

Dominus, S. (2004). How much do you know about your daughter's boyfriend? Good Housekeeping, 238(4), 148

Dylan, W., & Fuller, B. (2010, August). Facebook 'failed to act' on child pornography group, Illawarra Mercury, p. 3

Elisheva F. G. (2004). Adolescent internet use: What we expect, what teens report. Journal of Applied Developmental Psychology, 25(6), 633-649. doi:10.1016/j.appdev.2004.09.005

Fusilier, M. (2008). An investigation of the integrated model of user technology acceptance: Internet user samples in four countries. Journal of Educational Computing Research, 38(2), 155-182

Gallagher, B. (2008). Dangerous worlds? The problems of international and internet child sexual abuse. Community Safety Journal, 7(2), 8-11. Retrieved December 17 2009, from Career and Technical Education, (Document ID: 1501067591)

Gallagher, B. (2005). New technology: helping or harming children? Child Abuse Review, 14(6), 367-373. doi:10.1002/car.923

Gangadharbatla, H. (2008). Facebook® me: Collective self-esteem, need to belong, and internet self-efficacy as predictors of the iGeneration's attitudes toward social networking sites. Journal of Interactive Advertising, 8(2), 1-28

Gilgun, J. F. (2005). Qualitative research and family psychology. Journal of Family Psychology, 19(1), 40-50, Retrieved from EBSCOhost

Grant, I. C. (2005), Young peoples' relationships with online marketing practices: An intrusion too far? Journal of Marketing Management, 21(5/6), 607-623

Greenfield, P., & Zheng, Y. (2006). Children, adolescents, and the Internet: A new field of inquiry in developmental psychology. Developmental Psychology, 42(3). 391-394. doi:10.1037/0012-1649.42.3.391

Hansen, C. (2012, April). 'To Catch a Predator' III. Retrieved from http://msnbc.msn.com

Hines, D., & Finkelhor, D. (2007). Statutory sex crime relationships between juveniles and adults: A review of social scientific research. *Aggression & Violent Behavior*, *12*(3). 300-314. doi:10.1016/j.avb.2006.10.001

Huang, X., Zhang, H., Li, M., Wang, J., Zhang, Y., & Tao, R. (2010). Mental health, personality, and parental rearing styles of adolescents with Internet addiction disorder. *Cyberpsychology, Behavior and Social Networking*, *13*(4), 401-406

Huck, S. W., Beavers, A. S., & Esquivel, S. (2010). Sample. In N. J. Salkind (Ed.). *Encyclopedia of Research Design*. (pp. 1294-1300). Thousand Oaks, CA: SAGE. Retrieved from http://sage-ereference.com/view/researchdesign/n395.xml

Kennison, P. (2005). Child sexual abuse and the internet: Tackling the new frontier. *International Journal of Police Science & Management*; *7*(1), 67-70, 4p

Kelly, K., Lord, M., & Marcus, D. (2000, September). False promise. *U.S. News & World Report*, *129*(12), 48, 7p, 6

Johnson, W., McGue, M., & Iacono, W. G. (2009). School performance and genetic and environmental variance in antisocial behavior at the transition from adolescence to adulthood. *Developmental Psychology*, *45*(4). 973-987. doi:10.1037/a0016225

Kaelin, L. (2012, April). *Report: child abuse hidden in legitimate looking sites*. Retrieved from http://www.techspot.com

Kaili Chen, Z., & Tan, C. (2010). Exploring the Spiritual Needs of Adolescent Girls, *Religion & Education*, *37*(2). 146-161. doi:10.1080/15507394.2010.486369

Lee, S. (2009). Online communication and adolescent social ties: Who benefits more from Internet use? *Journal of Computer-Mediated Communication*, *14*(3). 509-531. doi:10.1111/j.1083-6101.2009.01451.x

Levine, K. L. (2006). The intimacy discount: prosecutorial discretion, privacy, and equality in the statutory rape caseload. *Emory Law Journal*, *55*(4). 691-749

Loughlin, J., & Taylor-Butts, A. (2009). Child luring through the Internet. Juristat: Canadian Centre for Justice Statistics, 29(1). 1B, 4B, 5B, 6B, 7B, 8B, 9B, 10B, 11B, 12B, 13B, 14B, 15B, 16B, 17B. Retrieved from CBCA Complete. (Document ID: 1887488021)

Malesky, L. (2007). Predatory online behavior: Modus operandi of convicted sex offenders in identifying potential victims and contacting minors over the Internet. *Journal of Child Sexual Abuse*, *16*(2). 23-32. Retrieved from Academic Search Complete database

Marczyk, G., DeMatteo, D., & Festinger, D. (2005). *Essentials of research design and methodology*. John Wiley & Sons

McCarthy, J. A. (2010). Internet sexual activity: A comparison between contact and non-contact child pornography offenders. *Journal of Sexual Aggression*, *16*(2). 181-195. doi:10.1080/13552601003760006

Michael, S. (n.d). Let's smarten up on teen rebellion. *The Washington Times*

Mishna, F., McLuckie, A., & Saini, M. (2009). Real-world dangers in an online reality: A qualitative study examining online relationships and cyber abuse. *Social Work Research*, *33*(2). 107-118. Retrieved from Academic Search Complete database

Moustakas, C. (1994). *Phenomenological research methods*. Thousand Oaks, CA: SAGE Publications, Inc. doi: http://dx.doi.org.ezproxy.apollolibrary.com/10.4135/9781412995658

Nair, A. (2006). Mobile phones and the Internet: Legal issues in the protection of children. *International Review of Law, Computers & Technology, 20*(1/2). 177-185. doi:10.1080/13600860600579779

Natalie, L. (n.d). State of Michigan department of atty. general works to stop Internet predators. *Michigan Lawyers Weekly*

News 4, KVOA. (2012). *Town teen says Mass. man enticed sex acts over webcam*. Retrieved from http://www.kvoa.com

Nissley, E. (2008, March). Study shows Internet child predators not necessarily posing as teenagers. *Citizens' Voice*. Wilkes-Barre, Pa. p. T.26

Öztürk, E., & Özmen, S. (2011). An investigation of the problematic Internet use of teacher candidates based on personality types, shyness and demographic factors. *Educational Sciences: Theory & Practice, 11*(4). 1799-1808

Patterson, T. (2007). Child sex tourism. *FBI Law Enforcement Bulletin, 76*(1), 16-21. Retrieved from http://search.proquest.com/docview/204187369?accountid=27965

Pearse, J. (2009). Government catches up with industry's safety initiatives. *New Media Age*, 2

Pearson, M., Parkin, S., & Coomber, R. (2011). Generalizing applied qualitative research on harm reduction: The example of a public injecting typology. *Contemporary Drug Problems, 38*(1). 61-91

Peter, J,. Valkenburg, P., Schouten, A., & Alexander P. (2005). Developing a model of adolescent friendship formation on the Internet. *CyberPsychology & Behavior, 8*(5). 423-430. doi:10.1089/cpb.2005.8.423

Powell, A. (2010). Configuring consent: Emerging technologies, unauthorised sexual images and sexual assault. *Australian & New Zealand Journal of Criminology (Australian Academic Press). 43*(1), 76-90. doi:10.1375/acri.43.1.76

Preston, C. B. (2007). Zoning the Internet: A new approach to protecting children online. *Brigham Young University Law Review, 2007*(6), 1417-1469

O'Grady, R. (2001). Eradicating pedophilia: Toward the humanization of society. *Journal of International Affairs*, *55*(1). 123-140. Retrieved from ABI/INFORM Global. (Document ID: 85559238)

Rambaree, K. (2008). Internet-mediated dating/romance of Mauritian early adolescents: A grounded theory analysis. *International Journal of Emerging Technologies & Society*, *6*(1), 34-59

Rep. Robert, C. S. (n.d). Rep. Robert C. Scott holds a hearing on online privacy and social networking. *FDCH Political Transcripts*

Salkind, N. (2003). *Exploring Research, 5e.* Prentice-Hall, Inc.

Shannon, D. (2008). Online sexual grooming in Sweden—Online and offline sex offences against children as described in Swedish police data. *Journal of Scandinavian Studies in Criminology & Crime Prevention*, *9*(2). 160-180. doi:10.1080/14043850802450120

Shank, G. (2002). *Qualitative research: A personal skills approach.* Upper Saddle River, NJ: Merrill, Prentice Hall

Shao, G. (2009). Understanding the appeal of user-generated media: A uses and gratification perspective. *Internet Research, 19*(1), 7-25. doi:10.1108/10662240910927795

Sharpe, C. A. (2009). *Methods used by internet predators to lure children into offline contact: How law enforcement and mental health professionals view grooming and assess risk.* The Chicago School of Professional Psychology. *ProQuest Dissertations and Theses,* http://search.proquest.com/docview/305140547?accountid=27965

Soster, R. L., & Drenten, J. M. (2010). Summary Brief: I'll show you mine, if you show me yours: Public policy implications of adolescent sexting. *Society for Marketing Advances Proceedings*, 114-115

Stanley, J. (2001). *Child abuse and the Internet.* Child Abuse Prevention Issues Number 15 Summer 2001, Australian Institute of Family Studies

Stathopulu, E., Hulse, J., & Canning, D. (2003). Difficulties with age estimation of Internet images of South-East Asian Girls. *Child Abuse Review*, *12*(1). 46-57. doi:10.1002/car.781

Steinberger, C. (2009). Cyberspace: The nodal self in the wide wide world-adolescents signing-on. *Psychoanalytic Review*, *96*(1). 129-144. Retrieved from MEDLINE with Full Text database

Subrahmanyam, K., Greenfield, P., & Tynes, (2004). Constructing sexuality and identity in an online teen chat room. *Journal of Applied Developmental Psychology*, *25*(6), 651-666. ISSN 0193-3973, 10.1016/j.appdev.2004.09.007

Taylor, B. (2006). Online pervert who terrorized girls is jailed for 10 years. *Daily Mail*. 31

Taylor, R., Caeti, T., Loper, D., Fritsch, E., Liederbach, J. (2006). *Digital Crime and Digital Terrorism, 1e*. Pearson Education, Inc.

Thornburgh, D., & Herbert L. (2004). Youth, pornography, and the Internet. *Issues in Science and Technology*, 20(2). 43-48. Retrieved from Research Library. (Document ID: 536816021)

Valcke, M., Bonte, S., De Wever, B., & Rots, I. (2010). Internet parenting styles and the impact on Internet use of primary school children. *Computers & Education*, 55 454-464. doi:10.1016/j.compedu.2010.02.009

van den Eijnden, R., Spijkerman, R., Vermulst, A., van Rooij, T., & Engels, R. (2010). Compulsive internet use among adolescents: Bidirectional parent-child relationships. *Journal of Abnormal Child Psychology*, 38(1), 77-89

van Manen, M. (2010). The pedagogy of Momus technologies: Facebook, privacy, and online intimacy. *Qualitative Health Research*, 20(8), 1023-1032. ISSN 1049-7323, 08/2010

Vorauer, J. D., Cameron, J. J., Holmes, J. G., & Pearce, D. G. (2003). Invisible overtures: Fears of rejection and the signal amplification bias. *Journal of Personality and Social Psychology*, 84(4). 793-812. doi:10.1037/0022-3514.84.4.793

Wang, R., Bianchi, S., & Raley, S. (2005). Teenagers' Internet use and family rules: A research note. *Journal of Marriage & Family*, 67(5), 1249-1258. doi:10.1111/j.1741-3737.2005.00214.x

Welch, S. R. (2007). *Nightshift street ministries: Improving services to the homeless in Surrey*. (Masters thesis, Royal Roads University, 2007). Library and Archives Canada. (ISBN:978-0-494-27214-5)

Wells, M., & Mitchell, K. (2007). Youth sexual exploitation on the Internet: DSM-IV diagnoses and gender differences in co-occurring mental health issues. *Child & Adolescent Social Work Journal*, 24(3), 235-260. doi:10.1007/s10560-007-0083-z

Windmann, S., & Chmielewski, A. (2008). Emotion-induced modulation of recognition memory decisions in a go/nogo task: Response bias or memory bias? *Cognition & Emotion*, 22(5), 761-776. doi:10.1080/02699930701507899

Wolak, J., David, F., Mitchell, K., & Ybarra, M. (2008). Online "predators" and their victims: myths, realities, and implications for prevention treatment. *American Psychologist, 63*(2), 111-128. doi:10.1037/0003-066X.63.2.111

Wolfe, S., & Higgins, G. (2008). College students' punishment perceptions of online solicitation of children for sex. *American Journal of Criminal Justice, 33*(2), 193-208. doi:10.1007/s12103-008-9039-x

Wurtele, S. K., & Kenny, M. C. (2010). Preventing online sexual victimization of youth. *Journal of Behavior Analysis of Offender & Victim: Treatment & Prevention, 2*(1), 63-73

Anhang B: Einverständniserklärung

Universität Phoenix

Einverständniserklärung: Teilnehmer, die 18 Jahre oder älter sind

Sehr geehrte(r)_____ ,
Mein Name ist Rodney Alexander und ich bin Student an der Universität Phoenix und arbeite an meiner Doktorarbeit. Ich führe eine Forschungsstudie mit dem Titel ‚Wie Kinder vor Internet-Verführern geschützt werden können' durch. Das Ziel der Forschungsstudie ist es, die Gründe dafür zu untersuchen, warum 13- bis 17-jährige Teenager Kinder-Verführern im Internet zum Opfer fallen.

Ihre Teilnahme wird die Beantwortung von fünf Fragen bezogen auf Ihre Meinung zum Phänomen sexueller Übergriffe auf Teenager im Internet einschließen. Ihre Teilnahme an dieser Studie ist freiwillig. Wenn Sie sich entscheiden, nicht teilzunehmen oder sich aus der Studie zu irgendeiner Zeit zurückzuziehen, können Sie dies ohne Nachteil oder Nutzen für sich tun. Die Ergebnisse dieser Forschungsstudie können veröffentlich werden, aber Ihre Identität wird vertraulich bleiben und Ihr Name wird nicht an Dritte weitergegeben.

In dieser Forschung gibt es keine vorhersehbaren Risiken für Sie. Obwohl es keinen direkten Nutzen für Sie geben kann, ist ein möglicher Nutzen Ihrer Teilnahme, dass mehr über sexuelle Übergriffe auf Teenager im Internet bekannt wird, was zu besseren Präventionsmethoden führen kann. Wenn Sie irgendwelche Fragen bezogen auf die Forschungsstudie haben, kontaktieren Sie mich bitte unter der Nummer XXX-XXX-XXX und der E-Mail-Adresse xxxx@xxx.com. Als Teilnehmer an dieser Studie könnten Sie das folgende verstehen:

1. Sie können Ihre Teilnahme jederzeit ohne Konsequenzen verweigern oder zurückziehen.
2. Ihre Identität wird vertraulich behandelt.
3. Der Forscher Rodney Alexander hat alle Parameter der Forschungsstudie gründlich erklärt und alle Ihre Fragen und Sorgen sind angesprochen worden.

4. Wenn die Interviews aufgezeichnet werden, müssen Sie dem Forscher Rodney Alexander die Erlaubnis gewähren, das Interview digital aufzuzeichnen. Sie verstehen, dass die Informationen aus den aufgezeichneten Interviews abgeschrieben werden können. Der Forscher wird einen Kodierungsprozess strukturieren, um sicherzustellen, dass die Anonymität Ihres Namens geschützt wird.

5. Die Daten werden an einem sicheren und abgeschlossenen Ort gespeichert. Die Daten werden für eine Periode von drei Jahren aufbewahrt und dann zerstört.

6. Die Forschungsergebnisse werden zur Veröffentlichung genutzt.

„Indem Sie dieses Formular unterzeichnen, erkennen Sie an, dass Sie die Natur der Studie, die möglichen Risiken für Sie als Teilnehmer und die Mittel, durch die Ihre Identität vertraulich gehalten wird, verstehen. Ihre Unterschrift auf diesem Formular gibt auch an, dass Sie 18 Jahre oder älter sind und dass Sie Ihre Erlaubnis geben, freiwillig als Teilnehmer an der beschriebenen Studie zu dienen."

Unterschrift des Befragten _____ Datum
_____

Unterschrift des Forschers _____ Datum
_____

Anhang C: Erlaubnisbrief zur Nutzung der Räumlichkeiten

The permission from the School District was removed to protect Its Identity.

Die Erlaubnis des Schulbezirks wurde entfernt, um seine Identität zu schützen.

Anhang D: Interviewprotokolle

Interviewfragen

Eine qualitative, phänomenologische Studie soll der Versuchsperson erlauben, ihre Erfahrungen zu teilen und ihrer Stimme Gehör zu verschaffen. Diese Studie wird diesem Design folgen und wird Fragen nutzen, um die von der Versuchsperson angeführten Punkte zu verdeutlichen oder näher zu erläutern. Allgemeine, halb strukturierte Fragen mit offenem Ende werden für das Interview genutzt, um persönliche Gefühle über die Erfahrung darüber, wie Teenager Sexualpartner im Internet treffen hervorzurufen. Die nummerierten Interviewfragen sollen nicht das Interview führen oder die Antworten lenken und die Untergruppe von Fragen dient nur dem Zweck der Klarstellung, wenn nötig.

1. Bitte teilen Sie mit mir Ihre Meinung darüber, welche Umstände am ehesten zu sexuellen Treffen von Teenagern mit jemandem, den sie im Internet treffen, führen?

2. Bitte teilen Sie mit mir Ihre Meinung darüber, wie Teenager am ehesten Leute im Internet treffen (zum Beispiel in einem Chat-Raum, via MySpace™, Facebook® oder auf komplett anderem Weg)?

3. Welche Rolle spielt Ihrer Meinung nach die Persönlichkeit eines Teenagers (zum Beispiel introvertiert, extrovertiert oder etwas völlig anderes) darin, ob sie einen Verführer im Internet treffen werden?

    a. Glauben Sie, dass ein introvertierter Teenager eher einen Verführer anzieht?

    b. Glauben Sie, dass ein extrovertierter Teenager eher einen Verführer anzieht?

4. Bitte teilen Sie mit mir Ihre Meinung zu der Rolle, die die Befriedigung von Teenagern (zum Beispiel Sex, Gesellschaft, Selbstbewusstsein oder etwas anderes) darin spielt, ob ein Teenager einen Internet-Verführer treffen wird?

5. Bitte teilen sie mit mir Ihre Meinung darüber, welche Unterstützung am wahrscheinlichsten helfen würde (zum Beispiel mehr elterliche Überwachung, bessere Strafverfolgung, ein besseres Highschool-

Curriculum oder etwas anderes), um Kontakt mit einem Internet-Verführer zu verhindern?

6. Demographische Daten
    a. Geschlecht (männlich oder weiblich)
    b. Anzahl der Kinder
    c. Ethnizität

7. Wäre es in Ordnung, Sie zu kontaktieren, wenn es nachfolgende Fragen gibt?

APPENDIX E: Teilnehmer-Studie

Teilnehmer A Interview

Anwesend während des Interviews: Teilnehmer A und der Forscher
Ort des Interviews: Highschool in einer Stadt im mittleren Westen der USA
Datum und Zeit des Interviews: Donnerstag, 2. Februar 2012, 13:52 Uhr
Beobachtung und Kommentar:

Interview A

Forscher: Ich würde gerne ein kurzes 15-minütiges Interview durchführen. Das Interview wird aus sechs Fragen mit offenem Ende bestehen, die konzipiert wurden, um Ihre Meinung zu sexuellem Kontakt von (13- bis 17-jährigen) Teenagern mit jemandem, den sie im Internet treffen, zu erhalten. Das Interview ist konzipiert, um mehr über die möglichen Motive der Kinder und Internet-Werkzeuge, die zu sexuellem Kontakt führen, zu lernen. Schließlich werden die Interviews mögliche Lösungen, die die Menge des sexuellen Kontakts von Teenagern im Internet reduzieren könnten, erforschen. Ich habe die Erlaubnis vom Schulbezirk und dem Schulleiter, die Interviews durchzuführen. Sie werden einen Restaurantgutschein im Wert von $15 als Dankeschön für Ihre Teilnahme an dem Interview erhalten.

Forscher: Erste Frage, bitte teilen Sie mit mir Ihre Meinung darüber, welche Umstände am ehesten zu sexuellen Treffen von Teenagern mit jemandem, den sie im Internet treffen, führen?

Teilnehmer A: Unsere Tochter zeigte ein Verhaltensmuster, demzufolge sie Jungs im Internet treffen wollte, weil sie verzweifelt nach einem Freund suchte. Sie hatte eine bedeutende Geschichte von Treffen mit Jungs im Internet mittels verschiedener Chat-Gruppen/sozialer Netzwerke. Wann immer wir von den Jungs erfuhren, würden wir diese Chat-Gruppe blockieren und unsere Tochter über die Gefahren von Treffen mit Leuten im Internet aufklären. Sie bestand sehr darauf, dass sie zwischen einem Jungen und einem sexuellen Verführer unterscheiden könnte.

Wir versuchten zahlreiche Software, um den Zugang zu bestimmten Seiten zu blockieren, aber sie schien immer Wege zu finden, um die Blocks zu umlaufen. Wir begannen damit, ihren Computer-Zugang einzuschränken und wir erlaubten ihr nur, den Computer in unserer Gegenwart zu nutzen, aber sie begann, mitten in der Nacht aufzustehen, um die Wii zum Zugang des Internets zu nutzen und stahl mein Mobiltelefon, um das Internet zum Chat mit dem Mann zu betreten. Sie gab ihm auch unsere Telefonnummer and wenn er anrufen würde, würde er seine Nummer blockieren. Wir begannen, stichprobenartig das Telefon abzuheben, um ihren Gesprächen zu lauschen, aber er würde aufhängen und begann dann, mitten in der Nacht anzurufen, wenn wir schliefen.

Unsere Tochter ist intelligent und sie hat eine Aufmerksamkeitsdefizit-Hyperaktivitätsstörung, was unserem Erachten nach zu ihrer Impulsivität beitrug und sie dazu trieb, einen Freund zu finden. Auch wurde sie von einem Jungen vergewaltigt (den sie nicht im Internet traf), was ihren Drang, einen Online-Freund zu finden, zuzuspitzen schien. Wir vermuten auch, dass sie Ablehnung fürchtet, da ihr biologischer Vater seine elterlichen Rechte abgab, als sie zwei Jahre alt war und keinen Kontakt mit ihr gehabt hat. Sie hat davon geträumt, ihn eines Tages zu finden und dass er in der Lage sein würde, zu erklären, warum er seine Rechte abgab und dass sie in der Lage sein würden, erneut eine Beziehung aufzubauen.

Forscher: Zweite Frage, bitte teilen Sie mit mir Ihre Meinung darüber, wie Teenager am ehesten Leute im Internet treffen (zum Beispiel in einem Chat-Raum, via MySpace™, Facebook® oder auf komplett anderem Weg)?
Teilnehmer A: Unsere Tochter nutzte Facebook®, Yahoo-Chaträume, Teenchat, MSN Messenger, Xat-Chat.

Forscher: Dritte Frage, welche Rolle spielt Ihrer Meinung nach die Persönlichkeit eines Teenagers (zum Beispiel A-introvertiert, B-extrovertiert oder etwas völlig anderes) darin, ob sie einen Verführer im Internet treffen werden?
Teilnehmer A: Extrovertiert. Wir glauben, dass ihre Persönlichkeit gemeinsam mit ihrer Aufmerksamkeitsdefizit-Hyperaktivitätsstörung, posttraumatischen Belastungsstörung, Depression und Stimmungsstörung eine Rolle in ihrem Verhalten spielte. Sie ist extrem extrovertiert. Wir haben eine Tochter, die

introvertiert ist und sie sucht keine Beziehungen mit Jungs, während unsere andere Tochter sehr extrovertiert ist und ein sehr hohes Interesse an Jungs hat.

Forscher: Vierte Frage, bitte teilen Sie mit mir Ihre Meinung zu der Rolle, die die Befriedigung von Teenagern (zum Beispiel Sex, Gesellschaft, Selbstbewusstsein oder etwas anderes) darin spielt, ob ein Teenager einen Internet-Verführer treffen wird?
Teilnehmer A: Unsere Tochter hat nicht nach Sex gesucht. Sie suchte nach einem Freund und jemandem, den sie eines Tages heiraten könnte. Sie hat ein geringes Selbstwertgefühl, sodass diese Faktoren sie leicht manipulierbar machten. Sie war zu Hause sehr aufsässig, aber im Kontakt mit dem Verführer war sie bereit, alles zu tun, um ihn glücklich zu machen, da sie Angst vor Ablehnung hatte. Er war sehr gut darin, ihre Gefühle und Schwächen zu manipulieren. Er lernte sie wirklich gut kennen und übernahm eine elterliche Rolle, wenn dies passte, oder war sehr „liebenswert" ihr gegenüber als Freund.

Forscher: Fünfte Frage, bitte teilen Sie mit mir Ihre Meinung darüber, welche Unterstützung am wahrscheinlichsten helfen würde (zum Beispiel mehr elterliche Überwachung, bessere Strafverfolgung, ein besseres Highschool-Curriculum oder etwas anderes), um Kontakt mit einem Internet-Verführer zu verhindern?
Teilnehmer A: Wir haben momentan den Internetzugang für unsere Tochter abgeschaltet. Ein Elternteil ist immer zuhause, aber die meisten ihrer Interaktionen mit dem Mann fanden statt, nachdem wir ins Bett gingen. Sobald wir dies herausfanden, schalteten wir die Strafverfolgung ein, aber sie sind nicht in der Lage gewesen, die IP-Adressen zu verfolgen und er schloss alle Konten, die er nutzte, um mit unserer Tochter zu interagieren. Wir klärten unsere Tochter über die Risiken des Internets auf und sie hat sogar mit uns Chris Hansens TV-Show ‚Catch a Predator' und Episoden von ‚Law and Order SVU, die Kinder und sexuelle Verführer einbeziehen angesehen. Es scheint albern, aber sie war daran interessiert, diese Shows anzusehen, daher nutzten wir sie als Unterrichtsmomente.

Sie war sehr zuversichtlich, dass sie in der Lage sein würde, den Unterscheid zwischen einem Jungen und einem sexuellen Verführer zu erkennen. Sie hielt es nicht für sonderbar, dass der Mann, den sie traf, sich ursprünglich als ein 16-jähriger Junge präsentierte und ihr dann schließlich sagte, dass er 26 sei. Sie dachte, dass es großartig sei, dass ein älterer Mann an ihr interessiert war und er beutete wirklich ihr geringes Selbstwertgefühl aus, indem er ihr sagte, wie glücklich er sei, sie getroffen zu haben, wie hübsch sie sei, wie sie viel besser sei als die Frauen, mit denen er arbeitete etc.

Ich denke, Jugendliche reagieren gut auf Gruppen von Gleichaltrigen. Es war unglücklich, dass unsere Tochter gemischtes Feedback bezüglich ihrer Interaktionen mit diesem Mann erhalten hat. Einige Gleichaltrige dachten, dass es großartig sei, dass sie mit einem älteren Mann zu tun hatte und dass er sich so sehr um sie zu kümmern schien. Nur ein paar Gleichaltrige sagten ihr, dass es blöd sei, was sie getan hatte und dass sie froh sein könne, dass er sie nicht tötete. Ich denke auch, dass Jugendliche in einer kontrollierten Umgebung erfahren müssen, dass sie nicht den Unterschied zwischen einem sexuellen Verführer und einem Jungen sagen können. Sie scheinen niemals den Rat von Erwachsenen anzunehmen, aber wenn sie es selbst erfahren, scheint es eine größere Wirkung zu haben.

Forscher: Sechste Frage, bitten teilen Sie mit mir ihre demographischen Daten (Geschlecht, Anzahl der Kinder, Ethnizität).
Teilnehmer A: Weiblich/5/Weiß.
Forscher: Letzte Frage, wäre es in Ordnung, Sie zu kontaktieren, wenn es nachfolgende Fragen gibt?
Teilnehmer A: Ja.

Teilnehmer B Interview

Anwesend während des Interviews: Teilnehmer B und der Forscher
Ort des Interviews: Highschool in einer Stadt im mittleren Westen der USA
Datum und Zeit des Interviews: Donnerstag, 2. Februar 2012, 14:15 Uhr
Beobachtung und Kommentar:

Interview B

Forscher: Ich würde gerne ein kurzes 15-minütiges Interview durchführen. Das Interview wird aus sechs Fragen mit offenem Ende bestehen, die konzipiert wurden, um Ihre Meinung zu sexuellem Kontakt von (13- bis 17-jährigen) Teenagern mit jemandem, den sie im Internet treffen, zu erhalten. Das Interview ist konzipiert, um mehr über die möglichen Motive der Kinder und Internet-Werkzeuge, die zu sexuellem Kontakt führen, zu lernen.

Schließlich werden die Interviews mögliche Lösungen, die die Menge des sexuellen Kontakts von Teenagern im Internet reduzieren könnten, erforschen. Ich habe die Erlaubnis vom Schulbezirk und dem Schulleiter, die Interviews durchzuführen. Sie werden einen Restaurantgutschein im Wert von $15 als Dankeschön für Ihre Teilnahme an dem Interview erhalten.

Forscher: Erste Frage, bitte teilen Sie mit mir Ihre Meinung darüber, welche Umstände am ehesten zu sexuellen Treffen von Teenagern mit jemandem, den sie im Internet treffen, führen?
Teilnehmer B: Die Nutzung von Webseiten wie Facebook® und Twitter© oder Mobiltelefonen.

Forscher: Zweite Frage, bitte teilen Sie mit mir Ihre Meinung darüber, wie Teenager am ehesten Leute im Internet treffen (zum Beispiel in einem Chat-Raum, via MySpace™, Facebook® oder auf komplett anderem Weg)?
Teilnehmer B: Twitter© und Facebook® - zumeist zugänglich auf Mobiltelefonen.

Forscher: Dritte Frage, welche Rolle spielt Ihrer Meinung nach die Persönlichkeit eines Teenagers (zum Beispiel A-introvertiert, B-extrovertiert oder etwas völlig anderes) darin, ob sie einen Verführer im Internet treffen werden?

Teilnehmer B: Extrovertiert. Rebellion gegen die traditionelle Familienstruktur und Werte.
Forscher: Vierte Frage, bitte teilen Sie mit mir Ihre Meinung zu der Rolle, die die Befriedigung von Teenagern (zum Beispiel Sex, Gesellschaft, Selbstbewusstsein oder etwas anderes) darin spielt, ob ein Teenager einen Internet-Verführer treffen wird?
Teilnehmer B: Idee der verbotenen Frucht – Außerhalb der Norm/Grenzen erforschen/rebellieren.

Forscher: Fünfte Frage, bitte teilen Sie mit mir Ihre Meinung darüber, welche Unterstützung am wahrscheinlichsten helfen würde (zum Beispiel mehr elterliche Überwachung, bessere Strafverfolgung, ein besseres Highschool-Curriculum oder etwas anderes), um Kontakt mit einem Internet-Verführer zu verhindern?

Teilnehmer B: Bedeutende Erwachsene in ihren Leben – nicht Klassen, beeinflussen Teenager.

Forscher: Sechste Frage, bitte teilen Sie mit mir Ihre demographischen Daten (Geschlecht, Anzahl der Kinder, Ethnizität).
Teilnehmer B: Männlich/2/Weiß.

Forscher: Letzte Frage, wäre es in Ordnung, Sie zu kontaktieren, wenn es nachfolgende Fragen gibt?
Teilnehmer B: Ja.

Teilnehmer C Interview

Anwesend während des Interviews: Teilnehmer C und der Forscher
Ort des Interviews: Highschool in einer Stadt im mittleren Westen der USA
Datum und Zeit des Interviews: Donnerstag, 2. Februar 2012, 14:28 Uhr
Beobachtung und Kommentar:

Interview C

Forscher: Ich würde gerne ein kurzes 15-minütiges Interview durchführen. Das Interview wird aus sechs Fragen mit offenem Ende bestehen, die konzipiert wurden, um Ihre Meinung zu sexuellem Kontakt von (13- bis 17-jährigen) Teenagern mit jemandem, den sie im Internet treffen, zu erhalten. Das Interview ist konzipiert, um mehr über die möglichen Motive der Kinder und Internet-Werkzeuge, die zu sexuellem Kontakt führen, zu lernen. Schließlich werden die Interviews mögliche Lösungen, die die Menge des sexuellen Kontakts von Teenagern im Internet reduzieren könnten, erforschen. Ich habe die Erlaubnis vom Schulbezirk und dem Schulleiter, die Interviews durchzuführen. Sie werden einen Restaurantgutschein im Wert von $15 als Dankeschön für Ihre Teilnahme an dem Interview erhalten.

Forscher: Erste Frage, bitte teilen Sie mit mir Ihre Meinung darüber, welche Umstände am ehesten zu sexuellen Treffen von Teenagern mit jemandem, den sie im Internet treffen, führen?
Teilnehmer C: Schüler, die keine Beziehungen in der Schule bilden können/Rebellion gegen die Eltern.

Forscher: Zweite Frage, bitte teilen Sie mit mir Ihre Meinung darüber, wie Teenager am ehesten Leute im Internet treffen (zum Beispiel in einem Chat-Raum, via MySpace™, Facebook® oder auf komplett anderem Weg)?
Teilnehmer C: Facebook® und Twitter© - leicht zugänglich oder möglicherweise Craigs Liste.

Forscher: Dritte Frage, welche Rolle spielt Ihrer Meinung nach die Persönlichkeit eines Teenagers (zum Beispiel A-introvertiert, B-extrovertiert oder etwas völlig anderes) darin, ob sie einen Verführer im Internet treffen werden?
Teilnehmer C: A. Unsicherheit und die Suche nach Akzeptanz an anderen Orten.
Forscher: Vierte Frage, bitte teilen Sie mit mir Ihre Meinung zu der Rolle, die die Befriedigung von Teenagern (zum Beispiel Sex, Gesellschaft, Selbstbewusstsein oder etwas anderes) darin spielt, ob ein Teenager einen Internet-Verführer treffen wird?
Teilnehmer C: Unmittelbare Befriedigung. Die erwachsene Beziehung haben, die sie im Fernsehen sehen.

Forscher: Fünfte Frage, bitte teilen Sie mit mir Ihre Meinung darüber, welche Unterstützung am wahrscheinlichsten helfen würde (zum Beispiel mehr elterliche Überwachung, bessere Strafverfolgung, ein besseres Highschool-Curriculum oder etwas anderes), um Kontakt mit einem Internet-Verführer zu verhindern?
Teilnehmer C: Aufklärung der Kinder über Risiken – Die Überwachung der Internetaktivität durch die Eltern.
Forscher: Sechste Frage, bitte teilen Sie mit mir Ihre demographischen Daten (Geschlecht, Anzahl der Kinder, Ethnizität).
Teilnehmer C: Männlich/0/Weiß.
Forscher: Letzte Frage, wäre es in Ordnung, Sie zu kontaktieren, wenn es nachfolgende Fragen gibt?
Teilnehmer C: Ja.

Teilnehmer D Interview

Anwesend während des Interviews: Teilnehmer D und der Forscher
Ort des Interviews: Highschool in einer Stadt im mittleren Westen der USA
Datum und Zeit des Interviews: Donnerstag, 2. Februar 2012, 15:47 Uhr

Beobachtung und Kommentar:

Interview D

Forscher: Ich würde gerne ein kurzes 15-minütiges Interview durchführen. Das Interview wird aus sechs Fragen mit offenem Ende bestehen, die konzipiert wurden, um Ihre Meinung zu sexuellem Kontakt von (13- bis 17-jährigen) Teenagern mit jemandem, den sie im Internet treffen, zu erhalten. Das Interview ist konzipiert, um mehr über die möglichen Motive der Kinder und Internet-Werkzeuge, die zu sexuellem Kontakt führen, zu lernen. Schließlich werden die Interviews mögliche Lösungen, die die Menge des sexuellen Kontakts von Teenagern im Internet reduzieren könnten, erforschen. Ich habe die Erlaubnis vom Schulbezirk und dem Schulleiter, die Interviews durchzuführen. Sie werden einen Restaurantgutschein im Wert von $15 als Dankeschön für Ihre Teilnahme an dem Interview erhalten.

Forscher: Erste Frage, bitte teilen Sie mit mir Ihre Meinung darüber, welche Umstände am ehesten zu sexuellen Treffen von Teenagern mit jemandem, den sie im Internet treffen, führen?
Teilnehmer D: Problemfamilien und das Fehlen einer fürsorglichen Umgebung zuhause.

Forscher: Zweite Frage, bitte teilen Sie mit mir Ihre Meinung darüber, wie Teenager am ehesten Leute im Internet treffen (zum Beispiel in einem Chat-Raum, via MySpace™, Facebook® oder auf komplett anderem Weg)?
Teilnehmer D: Alle sind leicht oft und zugänglich für Schüler – insbesondere neuere Seiten.

Forscher: Dritte Frage, welche Rolle spielt Ihrer Meinung nach die Persönlichkeit eines Teenagers (zum Beispiel A-introvertiert, B-extrovertiert oder etwas völlig anderes) darin, ob sie einen Verführer im Internet treffen werden?
Teilnehmer D: Sowohl introvertiert als auch extrovertiert - Sie werden beide versuchen, auf verschiedenen Wegen die Hände auszustrecken, wenn sie eine Leere fühlen.

Forscher: Vierte Frage, bitte teilen Sie mit mir Ihre Meinung zu der Rolle, die die Befriedigung von Teenagern (zum Beispiel Sex, Gesellschaft,

Selbstbewusstsein oder etwas anderes) darin spielt, ob ein Teenager einen Internet-Verführer treffen wird?
Teilnehmer D: Sofortige Antwort, die das Internet liefert.

Forscher: Fünfte Frage, bitte teilen Sie mit mir Ihre Meinung darüber, welche Unterstützung am wahrscheinlichsten helfen würde (zum Beispiel mehr elterliche Überwachung, bessere Strafverfolgung, ein besseres Highschool-Curriculum oder etwas anderes), um Kontakt mit einem Internet-Verführer zu verhindern?
Teilnehmer D: Curriculum – Schüler vertrauen auf Gleichaltrige für Informationen und es ist uninformiert.
Forscher: Sechste Frage, bitte teilen Sie mit mir Ihre demographischen Daten (Geschlecht, Anzahl der Kinder, Ethnizität).
Teilnehmer D: Weiblich/2/Weiß.
Forscher: Letzte Frage, wäre es in Ordnung, Sie zu kontaktieren, wenn es nachfolgende Fragen gibt?
Teilnehmer D: Ja.

Teilnehmer E Interview

Anwesend während des Interviews: Teilnehmer E und der Forscher
Ort des Interviews: Highschool in einer Stadt im mittleren Westen der USA
Datum und Zeit des Interviews: Donnerstag, 2. Februar 2012, 15:56 Uhr
Beobachtung und Kommentar:

Interview E

Forscher: Ich würde gerne ein kurzes 15-minütiges Interview durchführen. Das Interview wird aus sechs Fragen mit offenem Ende bestehen, die konzipiert wurden, um Ihre Meinung zu sexuellem Kontakt von (13- bis 17-jährigen) Teenagern mit jemandem, den sie im Internet treffen, zu erhalten. Das Interview ist konzipiert, um mehr über die möglichen Motive der Kinder und Internet-Werkzeuge, die zu sexuellem Kontakt führen, zu lernen. Schließlich werden die Interviews mögliche Lösungen, die die Menge des sexuellen Kontakts von Teenagern im Internet reduzieren könnten, erforschen. Ich habe die Erlaubnis vom Schulbezirk und dem Schulleiter, die Interviews durchzuführen. Sie werden einen Restaurantgutschein im Wert von $15 als Dankeschön für Ihre Teilnahme an dem Interview erhalten.

Forscher: Erste Frage, bitte teilen Sie mit mir Ihre Meinung darüber, welche Umstände am ehesten zu sexuellen Treffen von Teenagern mit jemandem, den sie im Internet treffen, führen?
Teilnehmer E: Soziale Netzwerke.

Forscher: Zweite Frage, bitte teilen Sie mit mir Ihre Meinung darüber, wie Teenager am ehesten Leute im Internet treffen (zum Beispiel in einem Chat-Raum, via MySpace™, Facebook® oder auf komplett anderem Weg)?
Teilnehmer E: Soziale Netzwerke – sie sind interaktiver und sehr beliebt.

Forscher: Dritte Frage, welche Rolle spielt Ihrer Meinung nach die Persönlichkeit eines Teenagers (zum Beispiel A-introvertiert, B-extrovertiert oder etwas völlig anderes) darin, ob sie einen Verführer im Internet treffen werden?
Teilnehmer E: B. Sie sind kontaktfreudiger und haben den Wunsch, Leute zu treffen.

Forscher: Vierte Frage, bitte teilen Sie mit mir Ihre Meinung zu der Rolle, die die Befriedigung von Teenagern (zum Beispiel Sex, Gesellschaft, Selbstbewusstsein oder etwas anderes) darin spielt, ob ein Teenager einen Internet-Verführer treffen wird?
Teilnehmer E: Der Wunsch, akzeptiert zu werden und Leute zu treffen.

Forscher: Fünfte Frage, bitte teilen Sie mit mir Ihre Meinung darüber, welche Unterstützung am wahrscheinlichsten helfen würde (zum Beispiel mehr elterliche Überwachung, bessere Strafverfolgung, ein besseres Highschool-Curriculum oder etwas anderes), um Kontakt mit einem Internet-Verführer zu verhindern?

Teilnehmer E: Mehr Gemeinschaftsbildung und Bewusstsein und elterliche Aufsicht..

Forscher: Sechste Frage, bitte teilen Sie mit mir Ihre demographischen Daten (Geschlecht, Anzahl der Kinder, Ethnizität).

Teilnehmer E: Männlich/1/Weiß und Hispanoamerikanisch..

Forscher: Letzte Frage, wäre es in Ordnung, Sie zu kontaktieren, wenn es nachfolgende Fragen gibt?

Teilnehmer E: Ja.

Teilnehmer F interview

Anwesend während des Interviews: Teilnehmer F und der Forscher
Ort des Interviews: Highschool in einer Stadt im mittleren Westen der USA
Datum und Zeit des Interviews: Donnerstag, 2. Februar 2012, 16:09 Uhr
Beobachtung und Kommentar:

Interview F

Forscher: Ich würde gerne ein kurzes 15-minütiges Interview durchführen. Das Interview wird aus sechs Fragen mit offenem Ende bestehen, die konzipiert wurden, um Ihre Meinung zu sexuellem Kontakt von (13- bis 17-jährigen) Teenagern mit jemandem, den sie im Internet treffen, zu erhalten. Das Interview ist konzipiert, um mehr über die möglichen Motive der Kinder und Internet-Werkzeuge, die zu sexuellem Kontakt führen, zu lernen. Schließlich werden die Interviews mögliche Lösungen, die die Menge des sexuellen Kontakts von Teenagern im Internet reduzieren könnten, erforschen. Ich habe die Erlaubnis vom Schulbezirk und dem Schulleiter, die Interviews durchzuführen. Sie werden einen Restaurantgutschein im Wert von $15 als Dankeschön für Ihre Teilnahme an dem Interview erhalten.

Forscher: Erste Frage, bitte teilen Sie mit mir Ihre Meinung darüber, welche Umstände am ehesten zu sexuellen Treffen von Teenagern mit jemandem, den sie im Internet treffen, führen?

Teilnehmer F: Unangemessene Nutzung sozialer Medien – Fotos/Informationen ohne Blocks/unüberwacht.

Forscher: Zweite Frage, bitte teilen Sie mit mir Ihre Meinung darüber, wie Teenager am ehesten Leute im Internet treffen (zum Beispiel in einem Chat-Raum, via MySpace™, Facebook® oder auf komplett anderem Weg)?

Teilnehmer F: Facebook® und Twitter© ebenso wie manche Chat-Räume.

Forscher: Dritte Frage, welche Rolle spielt Ihrer Meinung nach die Persönlichkeit eines Teenagers (zum Beispiel A-introvertiert, B-extrovertiert oder etwas völlig anderes) darin, ob sie einen Verführer im Internet treffen werden?

Teilnehmer F: Beide – Ein Introvertierter möchte mit jemandem Kontakt herstellen/möchte jemand sein, der er/sie nicht ist.

Forscher: Vierte Frage, bitte teilen Sie mit mir Ihre Meinung zu der Rolle, die die Befriedigung von Teenagern (zum Beispiel Sex, Gesellschaft, Selbstbewusstsein oder etwas anderes) darin spielt, ob ein Teenager einen Internet-Verführer treffen wird?

Teilnehmer F: Das Bedürfnis nach Kontakt ist das Wichtigste. Der schüchterne Teenager möchte Verbindung.

Forscher: Fünfte Frage, bitte teilen Sie mit mir Ihre Meinung darüber, welche Unterstützung am wahrscheinlichsten helfen würde (zum Beispiel mehr elterliche Überwachung, bessere Strafverfolgung, ein besseres Highschool-Curriculum oder etwas anderes), um Kontakt mit einem Internet-Verführer zu verhindern?

Teilnehmer F: Elterliche Aufsicht und Verbindungen in der Schule. Eltern müssen Bescheid wissen.
Forscher: Sechste Frage, bitte teilen Sie mit mir Ihre demographischen Daten (Geschlecht, Anzahl der Kinder, Ethnizität).
Teilnehmer F: Weiblich/2/Weiß.

Forscher: Letzte Frage, wäre es in Ordnung, Sie zu kontaktieren, wenn es nachfolgende Fragen gibt?
Teilnehmer F: Ja.

Teilnehmer G Interview

Anwesend während des Interviews: Teilnehmer G und der Forscher
Ort des Interviews: Highschool in einer Stadt im mittleren Westen der USA
Datum und Zeit des Interviews: Freitag, 3. Februar 2012, 11:26 Uhr
Beobachtung und Kommentar:

Interview G

Forscher: Ich würde gerne ein kurzes 15-minütiges Interview durchführen. Das Interview wird aus sechs Fragen mit offenem Ende bestehen, die konzipiert wurden, um Ihre Meinung zu sexuellem Kontakt von (13- bis 17-jährigen) Teenagern mit jemandem, den sie im Internet treffen, zu erhalten. Das Interview ist konzipiert, um mehr über die möglichen Motive der Kinder und Internet-Werkzeuge, die zu sexuellem Kontakt führen, zu lernen. Schließlich werden die Interviews mögliche Lösungen, die die Menge des sexuellen Kontakts von Teenagern im Internet reduzieren könnten, erforschen. Ich habe die Erlaubnis vom Schulbezirk und dem Schulleiter, die Interviews durchzuführen. Sie werden einen Restaurantgutschein im Wert von $15 als Dankeschön für Ihre Teilnahme an dem Interview erhalten.

Forscher: Erste Frage, bitte teilen Sie mit mir Ihre Meinung darüber, welche Umstände am ehesten zu sexuellen Treffen von Teenagern mit jemandem, den sie im Internet treffen, führen?
Teilnehmer G: Der Schüler wird nicht überwacht – die Familie steht nicht in Interaktion mit dem Kind.
Forscher: Zweite Frage, bitte teilen Sie mit mir Ihre Meinung darüber, wie Teenager am ehesten Leute im Internet treffen (zum Beispiel in einem Chat-Raum, via MySpace™, Facebook® oder auf komplett anderem Weg)?
Teilnehmer G: Chaträume – Jeder kann sie nutzen. Auf Facebook® muss man Freundschaften akzeptieren.

Forscher: Dritte Frage, welche Rolle spielt Ihrer Meinung nach die Persönlichkeit eines Teenagers (zum Beispiel A-introvertiert, B-extrovertiert oder etwas völlig anderes) darin, ob sie einen Verführer im Internet treffen werden?
Teilnehmer G: A. Sie glauben, dass sie nicht Auge in Auge sprechen können. Daher sind sie geschickter, im Internet hinauszureichen.

Forscher: Vierte Frage, bitte teilen Sie mit mir Ihre Meinung zu der Rolle, die die Befriedigung von Teenagern (zum Beispiel Sex, Gesellschaft, Selbstbewusstsein oder etwas anderes) darin spielt, ob ein Teenager einen Internet-Verführer treffen wird?
Teilnehmer G: Das ist der einzige Weg, auf dem sie Feedback erhalten würden und er ist zugänglich.

Forscher: Fünfte Frage, bitte teilen Sie mit mir Ihre Meinung darüber, welche Unterstützung am wahrscheinlichsten helfen würde (zum Beispiel mehr elterliche Überwachung, bessere Strafverfolgung, ein besseres Highschool-Curriculum oder etwas anderes), um Kontakt mit einem Internet-Verführer zu verhindern?
Teilnehmer G: Elterliche/erwachsene Aufsicht – Jemand, der sich um das Kind kümmert.
Forscher: Sechste Frage, bitte teilen Sie mit mir Ihre demographischen Daten (Geschlecht, Anzahl der Kinder, Ethnizität).
Teilnehmer E: Weiblich/3/ Hawaiianisch.
Forscher: Letzte Frage, wäre es in Ordnung, Sie zu kontaktieren, wenn es nachfolgende Fragen gibt?
Teilnehmer G: Ja.

Teilnehmer H Interview

Anwesend während des Interviews: Teilnehmer H und der Forscher
Ort des Interviews: Highschool in einer Stadt im mittleren Westen der USA
Datum und Zeit des Interviews: Freitag, 3. Februar 2012, 12:03 Uhr
Beobachtung und Kommentar:

Interview H

Forscher: Ich würde gerne ein kurzes 15-minütiges Interview durchführen. Das Interview wird aus sechs Fragen mit offenem Ende bestehen, die konzipiert wurden, um Ihre Meinung zu sexuellem Kontakt von (13- bis 17-jährigen) Teenagern mit jemandem, den sie im Internet treffen, zu erhalten. Das Interview ist konzipiert, um mehr über die möglichen Motive der Kinder und Internet-Werkzeuge, die zu sexuellem Kontakt führen, zu lernen. Schließlich werden die Interviews mögliche Lösungen, die die Menge des sexuellen Kontakts von Teenagern im Internet reduzieren könnten, erforschen.

Ich habe die Erlaubnis vom Schulbezirk und dem Schulleiter, die Interviews durchzuführen. Sie werden einen Restaurantgutschein im Wert von $15 als Dankeschön für Ihre Teilnahme an dem Interview erhalten.

Forscher: Erste Frage, bitte teilen Sie mit mir Ihre Meinung darüber, welche Umstände am ehesten zu sexuellen Treffen von Teenagern mit jemandem, den sie im Internet treffen, führen?

Teilnehmer H: Einsamkeit und ein Wunsch, in Verbindung zu treten/geringes Selbstwertgefühl/keine elterliche Führung.

Forscher: Zweite Frage, bitte teilen Sie mit mir Ihre Meinung darüber, wie Teenager am ehesten Leute im Internet treffen (zum Beispiel in einem Chat-Raum, via MySpace™, Facebook® oder auf komplett anderem Weg)?

Teilnehmer H: Facebook® ist das populärste Medium/das am meisten genutzte. Craigs Liste ist unüberwacht.

Forscher: Dritte Frage, welche Rolle spielt Ihrer Meinung nach die Persönlichkeit eines Teenagers (zum Beispiel A-introvertiert, B-extrovertiert oder etwas völlig anderes) darin, ob sie einen Verführer im Internet treffen werden?

Teilnehmer H: Das hat mehr mit dem Wunsch, Spaß zu haben zu tun und dem Wunsch, sich anzupassen und zu erforschen.

Forscher: Vierte Frage, bitte teilen Sie mit mir Ihre Meinung zu der Rolle, die die Befriedigung von Teenagern (zum Beispiel Sex, Gesellschaft, Selbstbewusstsein oder etwas anderes) darin spielt, ob ein Teenager einen Internet-Verführer treffen wird?

Teilnehmer H: Selbstwertgefühl/Von Leuten akzeptiert werden, die sie für Freunde halten.

Forscher: Fünfte Frage, bitte teilen Sie mit mir Ihre Meinung darüber, welche Unterstützung am wahrscheinlichsten helfen würde (zum Beispiel mehr elterliche Überwachung, bessere Strafverfolgung, ein besseres Highschool-

Curriculum oder etwas anderes), um Kontakt mit einem Internet-Verführer zu verhindern?

Teilnehmer H: Elterliche Aufsicht – Kinder werden tun, was sie wollen im Internet.

Forscher: Sechste Frage, bitte teilen Sie mit mir Ihre demographischen Daten (Geschlecht, Anzahl der Kinder, Ethnizität).

Teilnehmer H: Weiblich/1/Weiß.

Forscher: Letzte Frage, wäre es in Ordnung, Sie zu kontaktieren, wenn es nachfolgende Fragen gibt?

Teilnehmer H: Ja, wenn es kurz ist.

Teilnehmer I Interview

Anwesend während des Interviews: Teilnehmer I und der Forscher
Ort des Interviews: Highschool in einer Stadt im mittleren Westen der USA
Datum und Zeit des Interviews: Freitag, 3. Februar 2012, 12:19 Uhr
Beobachtung und Kommentar:

Interview I

Forscher: Ich würde gerne ein kurzes 15-minütiges Interview durchführen. Das Interview wird aus sechs Fragen mit offenem Ende bestehen, die konzipiert wurden, um Ihre Meinung zu sexuellem Kontakt von (13- bis 17-jährigen) Teenagern mit jemandem, den sie im Internet treffen, zu erhalten. Das Interview ist konzipiert, um mehr über die möglichen Motive der Kinder und Internet-Werkzeuge, die zu sexuellem Kontakt führen, zu lernen. Schließlich werden die Interviews mögliche Lösungen, die die Menge des sexuellen Kontakts von Teenagern im Internet reduzieren könnten, erforschen. Ich habe die Erlaubnis vom Schulbezirk und dem Schulleiter, die Interviews durchzuführen. Sie werden einen Restaurantgutschein im Wert von $15 als Dankeschön für Ihre Teilnahme an dem Interview erhalten.

Forscher: Erste Frage, bitte teilen Sie mit mir Ihre Meinung darüber, welche Umstände am ehesten zu sexuellen Treffen von Teenagern mit jemandem, den sie im Internet treffen, führen?

Teilnehmer I: Die Identität der Person wird nicht preisgegeben.

Forscher: Zweite Frage, bitte teilen Sie mit mir Ihre Meinung darüber, wie Teenager am ehesten Leute im Internet treffen (zum Beispiel in einem Chat-Raum, via MySpace™, Facebook® oder auf komplett anderem Weg)?

Teilnehmer I: Facebook® - Der Kontakt hat Kinder, die ständig bei Facebook® sind.

Forscher: Dritte Frage, welche Rolle spielt Ihrer Meinung nach die Persönlichkeit eines Teenagers (zum Beispiel A-introvertiert, B-extrovertiert oder etwas völlig anderes) darin, ob sie einen Verführer im Internet treffen werden?

Teilnehmer I: Einsam – Sie würden auf den Freund eines Freundes auf Facebook® antworten.

Forscher: Vierte Frage, bitte teilen Sie mit mir Ihre Meinung zu der Rolle, die die Befriedigung von Teenagern (zum Beispiel Sex, Gesellschaft, Selbstbewusstsein oder etwas anderes) darin spielt, ob ein Teenager einen Internet-Verführer treffen wird?

Teilnehmer I: Selbstwertgefühl/Wunsch, geliebt zu werden/Abenteuer/Das tun, was sie in Filmen sehen.

Forscher: Fünfte Frage, bitte teilen Sie mit mir Ihre Meinung darüber, welche Unterstützung am wahrscheinlichsten helfen würde (zum Beispiel mehr elterliche Überwachung, bessere Strafverfolgung, ein besseres Highschool-Curriculum oder etwas anderes), um Kontakt mit einem Internet-Verführer zu verhindern?

Teilnehmer I: Weniger Zeit auf Facebook®/Mehr Interaktion und soziale Gruppen jenseits des Computers.

Forscher: Sechste Frage, bitte teilen Sie mit mir Ihre demographischen Daten (Geschlecht, Anzahl der Kinder, Ethnizität).

Teilnehmer I: Weiblich/4/Weiß.

Forscher: Letzte Frage, wäre es in Ordnung, Sie zu kontaktieren, wenn es nachfolgende Fragen gibt?

Teilnehmer I: Ja.

Teilnehmer J Interview

Anwesend während des Interviews: Teilnehmer J und der Forscher
Ort des Interviews: Highschool in einer Stadt im mittleren Westen der USA
Datum und Zeit des Interviews: Freitag, 3. Februar 2012, 12:30 Uhr
Beobachtung und Kommentar:

Interview J

Forscher: Ich würde gerne ein kurzes 15-minütiges Interview durchführen.
Das Interview wird aus sechs Fragen mit offenem Ende bestehen, die
konzipiert wurden, um Ihre Meinung zu sexuellem Kontakt von (13- bis 17-
jährigen) Teenagern mit jemandem, den sie im Internet treffen, zu erhalten.
Das Interview ist konzipiert, um mehr über die möglichen Motive der Kinder
und Internet-Werkzeuge, die zu sexuellem Kontakt führen, zu lernen.
Schließlich werden die Interviews mögliche Lösungen, die die Menge des
sexuellen Kontakts von Teenagern im Internet reduzieren könnten, erforschen.
Ich habe die Erlaubnis vom Schulbezirk und dem Schulleiter, die Interviews
durchzuführen. Sie werden einen Restaurantgutschein im Wert von $15 als
Dankeschön für Ihre Teilnahme an dem Interview erhalten.

Forscher: Erste Frage, bitte teilen Sie mit mir Ihre Meinung darüber, welche
Umstände am ehesten zu sexuellen Treffen von Teenagern mit jemandem, den
sie im Internet treffen, führen?

Teilnehmer J: Einsamkeit/Sie wollen sich wie Erwachsene verhalten, aber
haben keine elterliche Anleitung.

Forscher: Zweite Frage, bitte teilen Sie mit mir Ihre Meinung darüber, wie
Teenager am ehesten Leute im Internet treffen (zum Beispiel in einem Chat-
Raum, via MySpace™, Facebook® oder auf komplett anderem Weg)?

Teilnehmer J: Alle Genannten/Freunde/Das Internet ohne Aufsicht
durchgehen.

Forscher: Dritte Frage, welche Rolle spielt Ihrer Meinung nach die
Persönlichkeit eines Teenagers (zum Beispiel A-introvertiert, B-extrovertiert

oder etwas völlig anderes) darin, ob sie einen Verführer im Internet treffen werden?

Teilnehmer J: A oder B - Das hängt davon ab, was im Leben des Schülers passiert.

Forscher: Vierte Frage, bitte teilen Sie mit mir Ihre Meinung zu der Rolle, die die Befriedigung von Teenagern (zum Beispiel Sex, Gesellschaft, Selbstbewusstsein oder etwas anderes) darin spielt, ob ein Teenager einen Internet-Verführer treffen wird?

Teilnehmer J: Das Gefühl gebraucht und begehrt zu werden, insbesondere für Frauen/Was sie in den Medien sehen.

Forscher: Fünfte Frage, bitte teilen Sie mit mir Ihre Meinung darüber, welche Unterstützung am wahrscheinlichsten helfen würde (zum Beispiel mehr elterliche Überwachung, bessere Strafverfolgung, ein besseres Highschool-Curriculum oder etwas anderes), um Kontakt mit einem Internet-Verführer zu verhindern?

Teilnehmer J: Elterliche Aufsicht/Aktiv und engagiert nach den Schulprogrammen.

Forscher: Sechste Frage, bitte teilen Sie mit mir Ihre demographischen Daten (Geschlecht, Anzahl der Kinder, Ethnizität).

Teilnehmer J: Weiblich/0/Weiß.

Forscher: Letzte Frage, wäre es in Ordnung, Sie zu kontaktieren, wenn es nachfolgende Fragen gibt?

Teilnehmer J: Ja.

Teilnehmer K Interview

Anwesend während des Interviews: Teilnehmer K und der Forscher
Ort des Interviews: Highschool in einer Stadt im mittleren Westen der USA
Datum und Zeit des Interviews: Freitag, 3. Februar 2012, 13:17 Uhr
Beobachtung und Kommentar:

Interview K

Forscher: Ich würde gerne ein kurzes 15-minütiges Interview durchführen. Das Interview wird aus sechs Fragen mit offenem Ende bestehen, die konzipiert wurden, um Ihre Meinung zu sexuellem Kontakt von (13- bis 17-jährigen) Teenagern mit jemandem, den sie im Internet treffen, zu erhalten. Das Interview ist konzipiert, um mehr über die möglichen Motive der Kinder und Internet-Werkzeuge, die zu sexuellem Kontakt führen, zu lernen. Schließlich werden die Interviews mögliche Lösungen, die die Menge des sexuellen Kontakts von Teenagern im Internet reduzieren könnten, erforschen. Ich habe die Erlaubnis vom Schulbezirk und dem Schulleiter, die Interviews durchzuführen. Sie werden einen Restaurantgutschein im Wert von $15 als Dankeschön für Ihre Teilnahme an dem Interview erhalten.

Forscher: Erste Frage, bitte teilen Sie mit mir Ihre Meinung darüber, welche Umstände am ehesten zu sexuellen Treffen von Teenagern mit jemandem, den sie im Internet treffen, führen?
Teilnehmer K: Ganztägiger Zugang zum Internet/keine Aufsicht/kann Individuen nicht überprüfen.
Forscher: Zweite Frage, bitte teilen Sie mir mit Ihre Meinung darüber, wie Teenager am ehesten Leute im Internet treffen (zum Beispiel in einem Chat-Raum, via MySpace™, Facebook® oder auf komplett anderem Weg)?
Teilnehmer K: Chat-Räume – Offener, wo Facebook® mehr Kontrolle hat.
Forscher: Dritte Frage, welche Rolle spielt Ihrer Meinung nach die Persönlichkeit eines Teenagers (zum Beispiel A-introvertiert, B-extrovertiert oder etwas völlig anderes) darin, ob sie einen Verführer im Internet treffen werden?

Teilnehmer K: A – Suchen nach Beziehungen/mehr beeinflussbar durch das, was andere im Internet sagen.

Forscher: Vierte Frage, bitte teilen Sie mit mir Ihre Meinung zu der Rolle, die die Befriedigung von Teenagern (zum Beispiel Sex, Gesellschaft, Selbstbewusstsein oder etwas anderes) darin spielt, ob ein Teenager einen Internet-Verführer treffen wird?

Teilnehmer K: Kommunikation – jemand, mit dem sie eine Beziehung haben können.

Forscher: Fünfte Frage, bitte teilen Sie mit mir Ihre Meinung darüber, welche Unterstützung am wahrscheinlichsten helfen würde (zum Beispiel mehr elterliche Überwachung, bessere Strafverfolgung, ein besseres Highschool-Curriculum oder etwas anderes), um Kontakt mit einem Internet-Verführer zu verhindern?

Teilnehmer K: Eine Kombination von jedem – Überwachung der Aktivität der Kinder im Internet..

Forscher: Sechste Frage, bitte teilen Sie mit mir Ihre demographischen Daten (Geschlecht, Anzahl der Kinder, Ethnizität).

Teilnehmer K: Weiblich/1/Weiß.

Forscher: Letzte Frage, wäre es in Ordnung, Sie zu kontaktieren, wenn es nachfolgende Fragen gibt?
Teilnehmer K: Ja.

Teilnehmer L Interview

Anwesend während des Interviews: Teilnehmer L und der Forscher
Ort des Interviews: Highschool in einer Stadt im mittleren Westen der USA
Datum und Zeit des Interviews: Freitag, 3. Februar 2012, 14:04 Uhr
Beobachtung und Kommentar:

Interview L

Forscher: Ich würde gerne ein kurzes 15-minütiges Interview durchführen. Das Interview wird aus sechs Fragen mit offenem Ende bestehen, die konzipiert wurden, um Ihre Meinung zu sexuellem Kontakt von (13- bis 17-jährigen) Teenagern mit jemandem, den sie im Internet treffen, zu erhalten. Das Interview ist konzipiert, um mehr über die möglichen Motive der Kinder und Internet-Werkzeuge, die zu sexuellem Kontakt führen, zu lernen. Schließlich werden die Interviews mögliche Lösungen, die die Menge des sexuellen Kontakts von Teenagern im Internet reduzieren könnten, erforschen. Ich habe die Erlaubnis vom Schulbezirk und dem Schulleiter, die Interviews durchzuführen. Sie werden einen Restaurantgutschein im Wert von $15 als Dankeschön für Ihre Teilnahme an dem Interview erhalten.

Forscher: Erste Frage, bitte teilen Sie mit mir Ihre Meinung darüber, welche Umstände am ehesten zu sexuellen Treffen von Teenagern mit jemandem, den sie im Internet treffen, führen?

Teilnehmer L: Die Kinder verheimlichen, was sie im Internet tun – Der Kontakt nutzt es nicht.

Forscher: Zweite Frage, bitte teilen Sie mit mir Ihre Meinung darüber, wie Teenager am ehesten Leute im Internet treffen (zum Beispiel in einem Chat-Raum, via MySpace™, Facebook® oder auf komplett anderem Weg)?
Teilnehmer L: Alle Genannten.

Forscher: Dritte Frage, welche Rolle spielt Ihrer Meinung nach die Persönlichkeit eines Teenagers (zum Beispiel A-introvertiert, B-extrovertiert oder etwas völlig anderes) darin, ob sie einen Verführer im Internet treffen werden?

Teilnehmer L: A. Sie können Angst vor öffentlicher Ablehnung haben, darum ist das ihre private Welt.

Forscher: Vierte Frage, bitte teilen Sie mit mir Ihre Meinung zu der Rolle, die die Befriedigung von Teenagern (zum Beispiel Sex, Gesellschaft, Selbstbewusstsein oder etwas anderes) darin spielt, ob ein Teenager einen Internet-Verführer treffen wird?

Teilnehmer L: Kinder scheinen die Akzeptanz von Gleichaltrigen mehr zu schätzen als Familienwerte.

Forscher: Fünfte Frage, bitte teilen Sie mit mir Ihre Meinung darüber, welche Unterstützung am wahrscheinlichsten helfen würde (zum Beispiel mehr elterliche Überwachung, bessere Strafverfolgung, ein besseres Highschool-Curriculum oder etwas anderes), um Kontakt mit einem Internet-Verführer zu verhindern?

Teilnehmer L: Die Strafverfolgung. Eltern sind immer die letzten, die Bescheid wissen. Kinder haben versteckte Leben.

Forscher: Sechste Frage, bitte teilen Sie mit mir Ihre demographischen Daten (Geschlecht, Anzahl der Kinder, Ethnizität).

L: Weiblich/0/Schwarz..

Forscher: Letzte Frage, wäre es in Ordnung, Sie zu kontaktieren, wenn es nachfolgende Fragen gibt?

Teilnehmer L: Ja.

Teilnehmer M Interview

Anwesend während des Interviews: Teilnehmer M und der Forscher
Ort des Interviews: Highschool in einer Stadt im mittleren Westen der USA
Datum und Zeit des Interviews: Freitag, 3. Februar 2012, 14:11 Uhr
Beobachtung und Kommentar:

Interview M

Forscher: Ich würde gerne ein kurzes 15-minütiges Interview durchführen. Das Interview wird aus sechs Fragen mit offenem Ende bestehen, die konzipiert wurden, um Ihre Meinung zu sexuellem Kontakt von (13- bis 17-jährigen) Teenagern mit jemandem, den sie im Internet treffen, zu erhalten. Das Interview ist konzipiert, um mehr über die möglichen Motive der Kinder und Internet-Werkzeuge, die zu sexuellem Kontakt führen, zu lernen. Schließlich werden die Interviews mögliche Lösungen, die die Menge des sexuellen Kontakts von Teenagern im Internet reduzieren könnten, erforschen. Ich habe die Erlaubnis vom Schulbezirk und dem Schulleiter, die Interviews durchzuführen. Sie werden einen Restaurantgutschein im Wert von $15 als Dankeschön für Ihre Teilnahme an dem Interview erhalten.

Forscher: Erste Frage, bitte teilen Sie mit mir Ihre Meinung darüber, welche Umstände am ehesten zu sexuellen Treffen von Teenagern mit jemandem, den sie im Internet treffen, führen?

Teilnehmer M: Das Fehlen elterlicher Aufsicht/Niemand, an dem sie sich in ihrem Leben orientieren können.

Forscher: Zweite Frage, bitte teilen Sie mit mir Ihre Meinung darüber, wie Teenager am ehesten Leute im Internet treffen (zum Beispiel in einem Chat-Raum, via MySpace™, Facebook® oder auf komplett anderem Weg)?

Teilnehmer M: Facebook® - Das ist die Webseite, die sie am meisten nutzen.

Forscher: Dritte Frage, welche Rolle spielt Ihrer Meinung nach die Persönlichkeit eines Teenagers (zum Beispiel A-introvertiert, B-extrovertiert oder etwas völlig anderes) darin, ob sie einen Verführer im Internet treffen werden?

Teilnehmer M: Schüler, die schüchterner sind, würden sich nicht einbinden lassen.

Forscher: Vierte Frage, bitte teilen Sie mit mir Ihre Meinung zu der Rolle, die die Befriedigung von Teenagern (zum Beispiel Sex, Gesellschaft, Selbstbewusstsein oder etwas anderes) darin spielt, ob ein Teenager einen Internet-Verführer treffen wird?

Teilnehmer M: Wenn Schüler keine Freunde haben, werden sie woanders nach welchen suchen.

Forscher: Fünfte Frage, bitte teilen Sie mit mir Ihre Meinung darüber, welche Unterstützung am wahrscheinlichsten helfen würde (zum Beispiel mehr elterliche Überwachung, bessere Strafverfolgung, ein besseres Highschool-Curriculum oder etwas anderes), um Kontakt mit einem Internet-Verführer zu verhindern?

Teilnehmer M: Die elterliche Aufsicht ist entscheidend. In Schulen gibt es die Aufsicht durch die Lehrer.

Forscher: Sechste Frage, bitte teilen Sie mit mir Ihre demographischen Daten (Geschlecht, Anzahl der Kinder, Ethnizität).

Teilnehmer M: Weiblich/0/Hispanoamerikanisch.

Forscher: Letzte Frage, wäre es in Ordnung, Sie zu kontaktieren, wenn es nachfolgende Fragen gibt?

Teilnehmer M: Ja, außerhalb der Schulzeiten.

Teilnehmer N Interview

Anwesend während des Interviews: Teilnehmer N und der Forscher
Ort des Interviews: Highschool in einer Stadt im mittleren Westen der USA
Datum und Zeit des Interviews: Freitag, 3. Februar 2012, 14:21 Uhr
Beobachtung und Kommentar:

Interview N

Forscher: Ich würde gerne ein kurzes 15-minütiges Interview durchführen.
Das Interview wird aus sechs Fragen mit offenem Ende bestehen, die
konzipiert wurden, um Ihre Meinung zu sexuellem Kontakt von (13- bis 17-
jährigen) Teenagern mit jemandem, den sie im Internet treffen, zu erhalten.
Das Interview ist konzipiert, um mehr über die möglichen Motive der Kinder
und Internet-Werkzeuge, die zu sexuellem Kontakt führen, zu lernen.
Schließlich werden die Interviews mögliche Lösungen, die die Menge des
sexuellen Kontakts von Teenagern im Internet reduzieren könnten, erforschen.
Ich habe die Erlaubnis vom Schulbezirk und dem Schulleiter, die Interviews
durchzuführen. Sie werden einen Restaurantgutschein im Wert von $15 als
Dankeschön für Ihre Teilnahme an dem Interview erhalten.

Forscher: Erste Frage, bitte teilen Sie mit mir Ihre Meinung darüber, welche
Umstände am ehesten zu sexuellen Treffen von Teenagern mit jemandem, den
sie im Internet treffen, führen?
Teilnehmer N: Die Gelegenheit/Fehlen elterlicher Anleitung.
Forscher: Zweite Frage, bitte teilen Sie mit mir Ihre Meinung darüber, wie
Teenager am ehesten Leute im Internet treffen (zum Beispiel in einem Chat-
Raum, via MySpace™, Facebook® oder auf komplett anderem Weg)?
Teilnehmer N: Facebook®.

Forscher: Dritte Frage, welche Rolle spielt Ihrer Meinung nach die
Persönlichkeit eines Teenagers (zum Beispiel A-introvertiert, B-extrovertiert
oder etwas völlig anderes) darin, ob sie einen Verführer im Internet treffen
werden?

Teilnehmer N: Die Persönlichkeit könnte nicht damit zu tun haben/Wenn sie
Aufmerksamkeit erhalten, werden sie darauf reagieren.

Forscher: Vierte Frage, bitte teilen Sie mit mir Ihre Meinung zu der Rolle, die
die Befriedigung von Teenagern (zum Beispiel Sex, Gesellschaft,

Selbstbewusstsein oder etwas anderes) darin spielt, ob ein Teenager einen Internet-Verführer treffen wird?

Teilnehmer N: Das Selbstwertgefühl – Wenn sie nach jemandem suchen, der sie bestätigt.

Forscher: Fünfte Frage, bitte teilen Sie mit mir Ihre Meinung darüber, welche Unterstützung am wahrscheinlichsten helfen würde (zum Beispiel mehr elterliche Überwachung, bessere Strafverfolgung, ein besseres Highschool-Curriculum oder etwas anderes), um Kontakt mit einem Internet-Verführer zu verhindern?

Teilnehmer N: Eine Kombination aus elterlicher Anleitung und dem Einfluss Gleichaltriger.

Forscher: Sechste Frage, bitte teilen Sie mit mir Ihre demographischen Daten (Geschlecht, Anzahl der Kinder, Ethnizität).

Teilnehmer N: Weiblich/0/Weiß.

Forscher: Letzte Frage, wäre es in Ordnung, Sie zu kontaktieren, wenn es nachfolgende Fragen gibt?

Teilnehmer N: Ja.

Teilnehmer O Interview

Anwesend während des Interviews: Teilnehmer O und der Forscher
Ort des Interviews: Highschool in einer Stadt im mittleren Westen der USA
Datum und Zeit des Interviews: Freitag, 3. Februar 2012, 14:29 Uhr
Beobachtung und Kommentar:

Interview O

Forscher: Ich würde gerne ein kurzes 15-minütiges Interview durchführen. Das Interview wird aus sechs Fragen mit offenem Ende bestehen, die konzipiert wurden, um Ihre Meinung zu sexuellem Kontakt von (13- bis 17-jährigen) Teenagern mit jemandem, den sie im Internet treffen, zu erhalten. Das Interview ist konzipiert, um mehr über die möglichen Motive der Kinder und Internet-Werkzeuge, die zu sexuellem Kontakt führen, zu lernen. Schließlich werden die Interviews mögliche Lösungen, die die Menge des sexuellen Kontakts von Teenagern im Internet reduzieren könnten, erforschen.

Ich habe die Erlaubnis vom Schulbezirk und dem Schulleiter, die Interviews durchzuführen. Sie werden einen Restaurantgutschein im Wert von $15 als Dankeschön für Ihre Teilnahme an dem Interview erhalten.

Forscher: Erste Frage, bitte teilen Sie mit mir Ihre Meinung darüber, welche Umstände am ehesten zu sexuellen Treffen von Teenagern mit jemandem, den sie im Internet treffen, führen?
Teilnehmer O: Sie fühlen sich sicherer, da sie nicht mit jemandem Auge in Auge sprechen.
Forscher: Zweite Frage, bitte teilen Sie mit mir Ihre Meinung darüber, wie Teenager am ehesten Leute im Internet treffen (zum Beispiel in einem Chat-Raum, via MySpace™, Facebook® oder auf komplett anderem Weg)?
Teilnehmer O: MySpace™ und Facebook® - Soziale Netzwerke, zu denen jeder Zugang hat.

Forscher: Dritte Frage, welche Rolle spielt Ihrer Meinung nach die Persönlichkeit eines Teenagers (zum Beispiel A-introvertiert, B-extrovertiert oder etwas völlig anderes) darin, ob sie einen Verführer im Internet treffen werden?
Teilnehmer O: Die Persönlichkeit spielt nicht wirklich eine Rolle.

Forscher: Vierte Frage, bitte teilen Sie mit mir Ihre Meinung zu der Rolle, die die Befriedigung von Teenagern (zum Beispiel Sex, Gesellschaft, Selbstbewusstsein oder etwas anderes) darin spielt, ob ein Teenager einen Internet-Verführer treffen wird?
Teilnehmer O: Ein sehr großer Faktor, wenn sie danach suchen und auf einen Verführer treffen..

Forscher: Fünfte Frage, bitte teilen Sie mit mir Ihre Meinung darüber, welche Unterstützung am wahrscheinlichsten helfen würde (zum Beispiel mehr elterliche Überwachung, bessere Strafverfolgung, ein besseres Highschool-Curriculum oder etwas anderes), um Kontakt mit einem Internet-Verführer zu verhindern?
Teilnehmer O: Eine Kombination aus elterlicher Aufsicht und Internet-Sicherheits-Tipps in der Schule.

Forscher: Sechste Frage, bitte teilen Sie mit mir Ihre demographischen Daten (Geschlecht, Anzahl der Kinder, Ethnizität).

Teilnehmer O: Weiblich/0/Schwarz.

Forscher: Letzte Frage, wäre es in Ordnung, Sie zu kontaktieren, wenn es nachfolgende Fragen gibt?
Teilnehmer O: Ja.

Teilnehmer P Interview

Anwesend während des Interviews: Teilnehmer P und der Forscher
Ort des Interviews: Highschool in einer Stadt im mittleren Westen der USA
Datum und Zeit des Interviews: Freitag, 3. Februar 2012, 14:47 Uhr
Beobachtung und Kommentar:

Interview P

Forscher: Ich würde gerne ein kurzes 15-minütiges Interview durchführen. Das Interview wird aus sechs Fragen mit offenem Ende bestehen, die konzipiert wurden, um Ihre Meinung zu sexuellem Kontakt von (13- bis 17-jährigen) Teenagern mit jemandem, den sie im Internet treffen, zu erhalten. Das Interview ist konzipiert, um mehr über die möglichen Motive der Kinder und Internet-Werkzeuge, die zu sexuellem Kontakt führen, zu lernen. Schließlich werden die Interviews mögliche Lösungen, die die Menge des sexuellen Kontakts von Teenagern im Internet reduzieren könnten, erforschen. Ich habe die Erlaubnis vom Schulbezirk und dem Schulleiter, die Interviews durchzuführen. Sie werden einen Restaurantgutschein im Wert von $15 als Dankeschön für Ihre Teilnahme an dem Interview erhalten.

Forscher: Erste Frage, bitte teilen Sie mit mir Ihre Meinung darüber, welche Umstände am ehesten zu sexuellen Treffen von Teenagern mit jemandem, den sie im Internet treffen, führen?
Teilnehmer P: Unerfahrenheit/Mangel an Wissen/Jemanden finden, den sie für vertrauenswürdig halten.

Forscher: Zweite Frage, bitte teilen Sie mit mir Ihre Meinung darüber, wie Teenager am ehesten Leute im Internet treffen (zum Beispiel in einem Chat-Raum, via MySpace™, Facebook® oder auf komplett anderem Weg)?

Teilnehmer P: Alle Genannten/Soziale Medien/ Twitter©/Jede Chance, Ideen zu kommunizieren.

Forscher: Dritte Frage, welche Rolle spielt Ihrer Meinung nach die Persönlichkeit eines Teenagers (zum Beispiel A-introvertiert, B-extrovertiert oder etwas völlig anderes) darin, ob sie einen Verführer im Internet treffen werden?
Teilnehmer P: Beide. Kein Teenager-Typ ist mehr anfällig für Verführer.

Forscher: Vierte Frage, bitte teilen Sie mit mir Ihre Meinung zu der Rolle, die die Befriedigung von Teenagern (zum Beispiel Sex, Gesellschaft, Selbstbewusstsein oder etwas anderes) darin spielt, ob ein Teenager einen Internet-Verführer treffen wird?
Teilnehmer P: Jeder handelt auf Basis der eigenen Bedürfnisse, aber jeder handelt anders.

Forscher: Fünfte Frage, bitte teilen Sie mit mir Ihre Meinung darüber, welche Unterstützung am wahrscheinlichsten helfen würde (zum Beispiel mehr elterliche Überwachung, bessere Strafverfolgung, ein besseres Highschool-Curriculum oder etwas anderes), um Kontakt mit einem Internet-Verführer zu verhindern?
Teilnehmer P: Eine Beziehung zu jemandem, dem sie vertrauen und der sie anleiten wird.

Forscher: Sechste Frage, bitte teilen Sie mit mir Ihre demographischen Daten (Geschlecht, Anzahl der Kinder, Ethnizität).
Teilnehmer P: Männlich/0/Weiß.

Forscher: Letzte Frage, wäre es in Ordnung, Sie zu kontaktieren, wenn es nachfolgende Fragen gibt?
Teilnehmer P: Ja.

Teilnehmer Q Interview

Anwesend während des Interviews: Teilnehmer Q und der Forscher
Ort des Interviews: Highschool in einer Stadt im mittleren Westen der USA
Datum und Zeit des Interviews: Freitag, 3. Februar 2012, 15:42 Uhr
Beobachtung und Kommentar:

Interview Q

Forscher: Ich würde gerne ein kurzes 15-minütiges Interview durchführen. Das Interview wird aus sechs Fragen mit offenem Ende bestehen, die konzipiert wurden, um Ihre Meinung zu sexuellem Kontakt von (13- bis 17-jährigen) Teenagern mit jemandem, den sie im Internet treffen, zu erhalten. Das Interview ist konzipiert, um mehr über die möglichen Motive der Kinder und Internet-Werkzeuge, die zu sexuellem Kontakt führen, zu lernen. Schließlich werden die Interviews mögliche Lösungen, die die Menge des sexuellen Kontakts von Teenagern im Internet reduzieren könnten, erforschen. Ich habe die Erlaubnis vom Schulbezirk und dem Schulleiter, die Interviews durchzuführen. Sie werden einen Restaurantgutschein im Wert von $15 als Dankeschön für Ihre Teilnahme an dem Interview erhalten.

Forscher: Erste Frage, bitte teilen Sie mit mir Ihre Meinung darüber, welche Umstände am ehesten zu sexuellen Treffen von Teenagern mit jemandem, den sie im Internet treffen, führen?
Teilnehmer Q: Scheu in sozialen Situationen – das hält sie in Distanz/Neugier/Anonymität.

Forscher: Zweite Frage, bitte teilen Sie mit mir Ihre Meinung darüber, wie Teenager am ehesten Leute im Internet treffen (zum Beispiel in einem Chat-Raum, via MySpace™, Facebook® oder auf komplett anderem Weg)?
Teilnehmer Q: Alle Genannten. Kinder wissen mehr über Technologie als Erwachsene.

Forscher: Dritte Frage, welche Rolle spielt Ihrer Meinung nach die Persönlichkeit eines Teenagers (zum Beispiel A-introvertiert, B-extrovertiert oder etwas völlig anderes) darin, ob sie einen Verführer im Internet treffen werden?
Teilnehmer Q: Möglicherweise A, aber Teenager fühlen sich unergründlich. Beide könnten leicht manipuliert werden.

Forscher: Vierte Frage, bitte teilen Sie mit mir Ihre Meinung zu der Rolle, die die Befriedigung von Teenagern (zum Beispiel Sex, Gesellschaft, Selbstbewusstsein oder etwas anderes) darin spielt, ob ein Teenager einen Internet-Verführer treffen wird?

Teilnehmer Q: Zu frühes Erwachsenwerden/Immunität gegenüber dem Bombardement durch Sex in den Medien bzw. der niedrigeren Kultur.

Forscher: Fünfte Frage, bitte teilen Sie mit mir Ihre Meinung darüber, welche Unterstützung am wahrscheinlichsten helfen würde (zum Beispiel mehr elterliche Überwachung, bessere Strafverfolgung, ein besseres Highschool-Curriculum oder etwas anderes), um Kontakt mit einem Internet-Verführer zu verhindern?
Teilnehmer Q: Die Eltern müssen sicherstellen, dass die Kinder sicher sind bzw. in die Umgebung passen.

Forscher: Sechste Frage, bitte teilen Sie mit mir Ihre demographischen Daten (Geschlecht, Anzahl der Kinder, Ethnizität).
Teilnehmer Q: Männlich/0/Weiß.

Forscher: Letzte Frage, wäre es in Ordnung, Sie zu kontaktieren, wenn es nachfolgende Fragen gibt?
Teilnehmer Q: Ja.

Teilnehmer R Interview

Anwesend während des Interviews: Teilnehmer R und der Forscher
Ort des Interviews: Highschool in einer Stadt im mittleren Westen der USA
Datum und Zeit des Interviews: Freitag, 3. Februar 2012, 15:53 Uhr
Beobachtung und Kommentar:

Interview R

Forscher: Ich würde gerne ein kurzes 15-minütiges Interview durchführen. Das Interview wird aus sechs Fragen mit offenem Ende bestehen, die konzipiert wurden, um Ihre Meinung zu sexuellem Kontakt von (13- bis 17-jährigen) Teenagern mit jemandem, den sie im Internet treffen, zu erhalten. Das Interview ist konzipiert, um mehr über die möglichen Motive der Kinder und Internet-Werkzeuge, die zu sexuellem Kontakt führen, zu lernen. Schließlich werden die Interviews mögliche Lösungen, die die Menge des sexuellen Kontakts von Teenagern im Internet reduzieren könnten, erforschen.

Ich habe die Erlaubnis vom Schulbezirk und dem Schulleiter, die Interviews durchzuführen. Sie werden einen Restaurantgutschein im Wert von $15 als Dankeschön für Ihre Teilnahme an dem Interview erhalten.

Forscher: Erste Frage, bitte teilen Sie mit mir Ihre Meinung darüber, welche Umstände am ehesten zu sexuellen Treffen von Teenagern mit jemandem, den sie im Internet treffen, führen?
Teilnehmer R: Wenn der Verführer wie ein Teenager agiert. Sie würden verständnisvoll für Probleme sein.

Forscher: Zweite Frage, bitte teilen Sie mit mir Ihre Meinung darüber, wie Teenager am ehesten Leute im Internet treffen (zum Beispiel in einem Chat-Raum, via MySpace™, Facebook® oder auf komplett anderem Weg)?
Teilnehmer R: Facebook® - Das scheint die populärste Webseite zu sein.

Forscher: Dritte Frage, welche Rolle spielt Ihrer Meinung nach die Persönlichkeit eines Teenagers (zum Beispiel A-introvertiert, B-extrovertiert oder etwas völlig anderes) darin, ob sie einen Verführer im Internet treffen werden?
Teilnehmer R:A. Sie haben nicht mit Leuten in der Gemeinschaft gesprochen. Sie möchten Aufmerksamkeit.
Forscher: Vierte Frage, bitte teilen Sie mit mir Ihre Meinung zu der Rolle, die die Befriedigung von Teenagern (zum Beispiel Sex, Gesellschaft, Selbstbewusstsein oder etwas anderes) darin spielt, ob ein Teenager einen Internet-Verführer treffen wird?
Teilnehmer R: Druck durch Gleichaltrige. Kinder übertreiben damit, was sie tun. Einige Kinder werden es glauben.

Forscher: Fünfte Frage, bitte teilen Sie mit mir Ihre Meinung darüber, welche Unterstützung am wahrscheinlichsten helfen würde (zum Beispiel mehr elterliche Überwachung, bessere Strafverfolgung, ein besseres Highschool-Curriculum oder etwas anderes), um Kontakt mit einem Internet-Verführer zu verhindern?
Teilnehmer R: Elterliche Aufsicht und Spezialkurse in der Schule.

Forscher: Sechste Frage, bitte teilen Sie mit mir Ihre demographischen Daten (Geschlecht, Anzahl der Kinder, Ethnizität).
Teilnehmer R: Männlich/2/Weiß.

Forscher: Letzte Frage, wäre es in Ordnung, Sie zu kontaktieren, wenn es nachfolgende Fragen gibt?
Teilnehmer R: Ja.

Teilnehmer S Interview

Anwesend während des Interviews: Teilnehmer S und der Forscher
Ort des Interviews: Highschool in einer Stadt im mittleren Westen der USA
Datum und Zeit des Interviews: Montag, 6. Februar 2012, 13:22 Uhr
Beobachtung und Kommentar:

Interview S

Forscher: Ich würde gerne ein kurzes 15-minütiges Interview durchführen. Das Interview wird aus sechs Fragen mit offenem Ende bestehen, die konzipiert wurden, um Ihre Meinung zu sexuellem Kontakt von (13- bis 17-jährigen) Teenagern mit jemandem, den sie im Internet treffen, zu erhalten. Das Interview ist konzipiert, um mehr über die möglichen Motive der Kinder und Internet-Werkzeuge, die zu sexuellem Kontakt führen, zu lernen. Schließlich werden die Interviews mögliche Lösungen, die die Menge des sexuellen Kontakts von Teenagern im Internet reduzieren könnten, erforschen. Ich habe die Erlaubnis vom Schulbezirk und dem Schulleiter, die Interviews durchzuführen. Sie werden einen Restaurantgutschein im Wert von $15 als Dankeschön für Ihre Teilnahme an dem Interview erhalten.

Forscher: Erste Frage, bitte teilen Sie mit mir Ihre Meinung darüber, welche Umstände am ehesten zu sexuellen Treffen von Teenagern mit jemandem, den sie im Internet treffen, führen?
Teilnehmer S: Das Fehlen elterlicher Kontrollen und das Fehlen eines Bewusstseins dafür, was ihre Kinder tun.
Forscher: Zweite Frage, bitte teilen Sie mit mir Ihre Meinung darüber, wie Teenager am ehesten Leute im Internet treffen (zum Beispiel in einem Chat-Raum, via MySpace™, Facebook® oder auf komplett anderem Weg)?
Teilnehmer S: MySpace™/Facebook® - Informationen wie Geburtstage sind öffentlich und können Verführer anziehen.

Forscher: Dritte Frage, welche Rolle spielt Ihrer Meinung nach die Persönlichkeit eines Teenagers (zum Beispiel A-introvertiert, B-extrovertiert oder etwas völlig anderes) darin, ob sie einen Verführer im Internet treffen werden?
Teilnehmer S: Introvertiert. Es ist weniger wahrscheinlich, dass sie jemandem davon erzählen, aber die Chance, auf einen Verführer zu treffen, ist die gleiche.

Forscher: Vierte Frage, bitte teilen Sie mit mir Ihre Meinung zu der Rolle, die die Befriedigung von Teenagern (zum Beispiel Sex, Gesellschaft, Selbstbewusstsein oder etwas anderes) darin spielt, ob ein Teenager einen Internet-Verführer treffen wird?
Teilnehmer S: Wenn sie nicht mit Gleichaltrigen interagieren, sind Teenager eher geneigt, nach ihren Impulsen zu handeln.

Forscher: Fünfte Frage, bitte teilen Sie mit mir Ihre Meinung darüber, welche Unterstützung am wahrscheinlichsten helfen würde (zum Beispiel mehr elterliche Überwachung, bessere Strafverfolgung, ein besseres Highschool-Curriculum oder etwas anderes), um Kontakt mit einem Internet-Verführer zu verhindern?
Teilnehmer S: Das ist jedermanns Aufgabe. Eltern stehen an vorderster Linie und müssen einen offenen Dialog haben.

Forscher: Sechste Frage, bitte teilen Sie mit mir Ihre demographischen Daten (Geschlecht, Anzahl der Kinder, Ethnizität).
Teilnehmer S: Männlich/2/Weiß.

Forscher: Letzte Frage, wäre es in Ordnung, Sie zu kontaktieren, wenn es nachfolgende Fragen gibt?
Teilnehmer S: Nein.

Teilnehmer T Interview

Anwesend während des Interviews: Teilnehmer T und der Forscher
Ort des Interviews: Highschool in einer Stadt im mittleren Westen der USA
Datum und Zeit des Interviews: Montag, 6. Februar 2012, 13:43 Uhr
Beobachtung und Kommentar:

Interview T

Forscher: Ich würde gerne ein kurzes 15-minütiges Interview durchführen. Das Interview wird aus sechs Fragen mit offenem Ende bestehen, die konzipiert wurden, um Ihre Meinung zu sexuellem Kontakt von (13- bis 17-jährigen) Teenagern mit jemandem, den sie im Internet treffen, zu erhalten. Das Interview ist konzipiert, um mehr über die möglichen Motive der Kinder und Internet-Werkzeuge, die zu sexuellem Kontakt führen, zu lernen. Schließlich werden die Interviews mögliche Lösungen, die die Menge des sexuellen Kontakts von Teenagern im Internet reduzieren könnten, erforschen. Ich habe die Erlaubnis vom Schulbezirk und dem Schulleiter, die Interviews durchzuführen. Sie werden einen Restaurantgutschein im Wert von $15 als Dankeschön für Ihre Teilnahme an dem Interview erhalten.

Forscher: Erste Frage, bitte teilen Sie mit mir Ihre Meinung darüber, welche Umstände am ehesten zu sexuellen Treffen von Teenagern mit jemandem, den sie im Internet treffen, führen?
Teilnehmer T: Naivität/Verführt werden/Nicht wissen, mit wem sie sprechen.
Forscher: Zweite Frage, bitte teilen Sie mit mir Ihre Meinung darüber, wie Teenager am ehesten Leute im Internet treffen (zum Beispiel in einem Chat-Raum, via MySpace™, Facebook® oder auf komplett anderem Weg)?
Teilnehmer T: Chat-Räume. Kinder langweilen sich und müssen jemanden haben, mit dem sie sprechen bzw. den sie zu erreichen versuchen können.

Forscher: Dritte Frage, welche Rolle spielt Ihrer Meinung nach die Persönlichkeit eines Teenagers (zum Beispiel A-introvertiert, B-extrovertiert oder etwas völlig anderes) darin, ob sie einen Verführer im Internet treffen werden?
Teilnehmer T: A. Sozial ungeschickt/nicht aktiv in der Schule oder beim Sport/nicht viele Freunde.

Forscher: Vierte Frage, bitte teilen Sie mit mir Ihre Meinung zu der Rolle, die die Befriedigung von Teenagern (zum Beispiel Sex, Gesellschaft, Selbstbewusstsein oder etwas anderes) darin spielt, ob ein Teenager einen Internet-Verführer treffen wird?
Teilnehmer T: Alles spielt eine Rolle – Kombination aus Experimentierung und Nervenkitzel etc.

Forscher: Fünfte Frage, bitte teilen Sie mit mir Ihre Meinung darüber, welche Unterstützung am wahrscheinlichsten helfen würde (zum Beispiel mehr elterliche Überwachung, bessere Strafverfolgung, ein besseres Highschool-Curriculum oder etwas anderes), um Kontakt mit einem Internet-Verführer zu verhindern?

Teilnehmer T: Bildung. Ihnen klarmachen, dass sie nicht wissen, mit wem sie sprechen

Forscher: Sechste Frage, bitte teilen Sie mit mir Ihre demographischen Daten (Geschlecht, Anzahl der Kinder, Ethnizität).

Teilnehmer T: Männlich/2/Weiß.

Forscher: Letzte Frage, wäre es in Ordnung, Sie zu kontaktieren, wenn es nachfolgende Fragen gibt?

Teilnehmer T: Ja.

Teilnehmer U Interview

Anwesend während des Interviews: Teilnehmer U und der Forscher
Ort des Interviews: Highschool in einer Stadt im mittleren Westen der USA
Datum und Zeit des Interviews: Montag, 6. Februar 2012, 13:52 Uhr
Beobachtung und Kommentar:

Interview U

Forscher: Ich würde gerne ein kurzes 15-minütiges Interview durchführen. Das Interview wird aus sechs Fragen mit offenem Ende bestehen, die konzipiert wurden, um Ihre Meinung zu sexuellem Kontakt von (13- bis 17-jährigen) Teenagern mit jemandem, den sie im Internet treffen, zu erhalten. Das Interview ist konzipiert, um mehr über die möglichen Motive der Kinder und Internet-Werkzeuge, die zu sexuellem Kontakt führen, zu lernen. Schließlich werden die Interviews mögliche Lösungen, die die Menge des sexuellen Kontakts von Teenagern im Internet reduzieren könnten, erforschen. Ich habe die Erlaubnis vom Schulbezirk und dem Schulleiter, die Interviews durchzuführen. Sie werden einen Restaurantgutschein im Wert von $15 als Dankeschön für Ihre Teilnahme an dem Interview erhalten.

Forscher: Erste Frage, bitte teilen Sie mit mir Ihre Meinung darüber, welche Umstände am ehesten zu sexuellen Treffen von Teenagern mit jemandem, den sie im Internet treffen, führen?

Teilnehmer U: Keine elterliche Aufsicht/Mit dem Computer alleine gelassen werden ohne dass jemand in der Nähe ist.

Forscher: Zweite Frage, bitte teilen Sie mit mir Ihre Meinung darüber, wie Teenager am ehesten Leute im Internet treffen (zum Beispiel in einem Chat-Raum, via MySpace™, Facebook® oder auf komplett anderem Weg)?

Teilnehmer U: Facebook®/MySpace™. Sie sind ständig dort und kümmern sich nicht darum, mit wem sie sprechen.

Forscher: Dritte Frage, welche Rolle spielt Ihrer Meinung nach die Persönlichkeit eines Teenagers (zum Beispiel A-introvertiert, B-extrovertiert oder etwas völlig anderes) darin, ob sie einen Verführer im Internet treffen werden?

Teilnehmer U: Das spielt keine Rolle. Es hängt davon ab, ob sie positive Leute im Leben haben oder nicht.

Forscher: Vierte Frage, bitte teilen Sie mir mir Ihre Meinung zu der Rolle, die die Befriedigung von Teenagern (zum Beispiel Sex, Gesellschaft, Selbstbewusstsein oder etwas anderes) darin spielt, ob ein Teenager einen Internet-Verführer treffen wird?

Teilnehmer U: Das Selbstwertgefühl ist ein Faktor, wenn sie sich ihrer selbst nicht sicher sind.

Forscher: Fünfte Frage, bitte teilen Sie mit mir Ihre Meinung darüber, welche Unterstützung am wahrscheinlichsten helfen würde (zum Beispiel mehr elterliche Überwachung, bessere Strafverfolgung, ein besseres Highschool-Curriculum oder etwas anderes), um Kontakt mit einem Internet-Verführer zu verhindern?

Teilnehmer U: Elterliche Aufsicht und mehr Wissen darüber, wie es passiert.

Forscher: Sechste Frage, bitte teilen Sie mit mir Ihre demographischen Daten (Geschlecht, Anzahl der Kinder, Ethnizität).

Teilnehmer U: Weiblich/1/Weiß.

Forscher: Letzte Frage, wäre es in Ordnung, Sie zu kontaktieren, wenn es nachfolgende Fragen gibt?
Teilnehmer U: Ja.

Teilnehmer V Interview

Anwesend während des Interviews: Teilnehmer V und der Forscher
Ort des Interviews: Highschool in einer Stadt im mittleren Westen der USA
Datum und Zeit des Interviews: Montag, 6. Februar 2012, 14:05 Uhr
Beobachtung und Kommentar:

Interview V

Forscher: Ich würde gerne ein kurzes 15-minütiges Interview durchführen. Das Interview wird aus sechs Fragen mit offenem Ende bestehen, die konzipiert wurden, um Ihre Meinung zu sexuellem Kontakt von (13- bis 17-jährigen) Teenagern mit jemandem, den sie im Internet treffen, zu erhalten. Das Interview ist konzipiert, um mehr über die möglichen Motive der Kinder und Internet-Werkzeuge, die zu sexuellem Kontakt führen, zu lernen. Schließlich werden die Interviews mögliche Lösungen, die die Menge des sexuellen Kontakts von Teenagern im Internet reduzieren könnten, erforschen. Ich habe die Erlaubnis vom Schulbezirk und dem Schulleiter, die Interviews durchzuführen. Sie werden einen Restaurantgutschein im Wert von $15 als Dankeschön für Ihre Teilnahme an dem Interview erhalten.

Forscher: Erste Frage, bitte teilen Sie mit mir Ihre Meinung darüber, welche Umstände am ehesten zu sexuellen Treffen von Teenagern mit jemandem, den sie im Internet treffen, führen?
Teilnehmer V: Zeit am Computer haben und das Suchen nach Interaktion und etwas Unschuldigem.

Forscher: Zweite Frage, bitte teilen Sie mit mir Ihre Meinung darüber, wie Teenager am ehesten Leute im Internet treffen (zum Beispiel in einem Chat-Raum, via MySpace™, Facebook® oder auf komplett anderem Weg)?
Teilnehmer V: MySpace™/Facebook®/soziale Netzwerke. Sie sind ständig verbunden.

Forscher: Dritte Frage, welche Rolle spielt Ihrer Meinung nach die Persönlichkeit eines Teenagers (zum Beispiel A-introvertiert, B-extrovertiert oder etwas völlig anderes) darin, ob sie einen Verführer im Internet treffen werden?

Teilnehmer V: Das ist nicht auf einen beschränkt. Introvertierte könnten ausgenutzt werden, aber Extrovertierte könnten zum Nervenkitzel sein.

Forscher: Vierte Frage, bitte teilen Sie mit mir Ihre Meinung zu der Rolle, die die Befriedigung von Teenagern (zum Beispiel Sex, Gesellschaft, Selbstbewusstsein oder etwas anderes) darin spielt, ob ein Teenager einen Internet-Verführer treffen wird?

Teilnehmer V: Das Selbstwertgefühl spielt die größte Rolle. Verführer nähren dies und halten sie im Kontakt.

Forscher: Fünfte Frage, bitte teilen Sie mit mir Ihre Meinung darüber, welche Unterstützung am wahrscheinlichsten helfen würde (zum Beispiel mehr elterliche Überwachung, bessere Strafverfolgung, ein besseres Highschool-Curriculum oder etwas anderes), um Kontakt mit einem Internet-Verführer zu verhindern?

Teilnehmer V: Elterliches Engagement. Zu wissen, was Kinder tun und mit wem sie zusammen sind.

Forscher: Sechste Frage, bitte teilen Sie mit mir Ihre demographischen Daten (Geschlecht, Anzahl der Kinder, Ethnizität).

Teilnehmer V: Weiblich/0/Weiß.

Forscher: Letzte Frage, wäre es in Ordnung, Sie zu kontaktieren, wenn es nachfolgende Fragen gibt?

Teilnehmer V: Ja.

Teilnehmer W Interview

Anwesend während des Interviews: Teilnehmer W und der Forscher
Ort des Interviews: Highschool in einer Stadt im mittleren Westen der USA
Datum und Zeit des Interviews: Dienstag, 7. Februar 2012, 16:34 Uhr
Beobachtung und Kommentar:

Interview W

Forscher: Ich würde gerne ein kurzes 15-minütiges Interview durchführen. Das Interview wird aus sechs Fragen mit offenem Ende bestehen, die konzipiert wurden, um Ihre Meinung zu sexuellem Kontakt von (13- bis 17-jährigen) Teenagern mit jemandem, den sie im Internet treffen, zu erhalten. Das Interview ist konzipiert, um mehr über die möglichen Motive der Kinder und Internet-Werkzeuge, die zu sexuellem Kontakt führen, zu lernen. Schließlich werden die Interviews mögliche Lösungen, die die Menge des sexuellen Kontakts von Teenagern im Internet reduzieren könnten, erforschen. Ich habe die Erlaubnis vom Schulbezirk und dem Schulleiter, die Interviews durchzuführen. Sie werden einen Restaurantgutschein im Wert von $15 als Dankeschön für Ihre Teilnahme an dem Interview erhalten.

Forscher: Erste Frage, bitte teilen Sie mit mir Ihre Meinung darüber, welche Umstände am ehesten zu sexuellen Treffen von Teenagern mit jemandem, den sie im Internet treffen, führen?
Teilnehmer W: Sie könnten eine E-Mail erhalten haben, die sie dazu einlädt, bestimmte Webseiten zu besuchen.

Forscher: Zweite Frage, bitte teilen Sie mit mir Ihre Meinung darüber, wie Teenager am ehesten Leute im Internet treffen (zum Beispiel in einem Chat-Raum, via MySpace™, Facebook® oder auf komplett anderem Weg)?
Teilnehmer W: Alle. Die Schulen verbieten diese Seiten, aber das macht sie noch neugieriger.

Forscher: Dritte Frage, welche Rolle spielt Ihrer Meinung nach die Persönlichkeit eines Teenagers (zum Beispiel A-introvertiert, B-extrovertiert oder etwas völlig anderes) darin, ob sie einen Verführer im Internet treffen werden?
Teilnehmer W: Das variiert. B bracht Aufmerksamkeit von außen, aber A (?) braucht sozialen Kontakt/Akzeptanz.

Forscher: Vierte Frage, bitte teilen Sie mit mir Ihre Meinung zu der Rolle, die die Befriedigung von Teenagern (zum Beispiel Sex, Gesellschaft, Selbstbewusstsein oder etwas anderes) darin spielt, ob ein Teenager einen Internet-Verführer treffen wird?

Teilnehmer W: Kinder brauchen Akzeptanz. Manchmal sind Eltern und Lehrer zu beschäftigt.

Forscher: Fünfte Frage, bitte teilen Sie mit mir Ihre Meinung darüber, welche Unterstützung am wahrscheinlichsten helfen würde (zum Beispiel mehr elterliche Überwachung, bessere Strafverfolgung, ein besseres Highschool-Curriculum oder etwas anderes), um Kontakt mit einem Internet-Verführer zu verhindern?
Teilnehmer W: Elterliche Aufsicht. Die Eltern sind mit dem Arbeiten beschäftigt und viele Kinder sind alleine zuhause.

Forscher: Sechste Frage, bitte teilen Sie mit mir Ihre demographischen Daten (Geschlecht, Anzahl der Kinder, Ethnizität).
Teilnehmer W: Weiblich/2/Weiß.
Forscher: Letzte Frage, wäre es in Ordnung, Sie zu kontaktieren, wenn es nachfolgende Fragen gibt?
Teilnehmer W: Ja.

Teilnehmer X Interview

Anwesend während des Interviews: Teilnehmer X und der Forscher
Ort des Interviews: Highschool in einer Stadt im mittleren Westen der USA
Datum und Zeit des Interviews: Dienstag, 7. Februar 2012, 16:41 Uhr
Beobachtung und Kommentar:

Interview X

Forscher: Ich würde gerne ein kurzes 15-minütiges Interview durchführen. Das Interview wird aus sechs Fragen mit offenem Ende bestehen, die konzipiert wurden, um Ihre Meinung zu sexuellem Kontakt von (13- bis 17-jährigen) Teenagern mit jemandem, den sie im Internet treffen, zu erhalten. Das Interview ist konzipiert, um mehr über die möglichen Motive der Kinder und Internet-Werkzeuge, die zu sexuellem Kontakt führen, zu lernen. Schließlich werden die Interviews mögliche Lösungen, die die Menge des sexuellen Kontakts von Teenagern im Internet reduzieren könnten, erforschen. Ich habe die Erlaubnis vom Schulbezirk und dem Schulleiter, die Interviews durchzuführen. Sie werden einen Restaurantgutschein im Wert von $15 als Dankeschön für Ihre Teilnahme an dem Interview erhalten.

Forscher: Erste Frage, bitte teilen Sie mit mir Ihre Meinung darüber, welche Umstände am ehesten zu sexuellen Treffen von Teenagern mit jemandem, den sie im Internet treffen, führen?
Teilnehmer X: Einsamkeit und Langeweile.

Forscher: Zweite Frage, bitte teilen Sie mit mir Ihre Meinung darüber, wie Teenager am ehesten Leute im Internet treffen (zum Beispiel in einem Chat-Raum, via MySpace™, Facebook® oder auf komplett anderem Weg)?
Teilnehmer X: Facebook® oder Twitter©. Sie sprechen immer über diese.

Forscher: Dritte Frage, welche Rolle spielt Ihrer Meinung nach die Persönlichkeit eines Teenagers (zum Beispiel A-introvertiert, B-extrovertiert oder etwas völlig anderes) darin, ob sie einen Verführer im Internet treffen werden?
Teilnehmer X: A. Einsamkeit und sie suchen Geborgenheit.

Forscher: Vierte Frage, bitte teilen Sie mit mir Ihre Meinung zu der Rolle, die die Befriedigung von Teenagern (zum Beispiel Sex, Gesellschaft, Selbstbewusstsein oder etwas anderes) darin spielt, ob ein Teenager einen Internet-Verführer treffen wird?
Teilnehmer X: Wenn sie offener für diese Dinge sind, werden sie einen Verführer treffen.

Forscher: Fünfte Frage, bitte teilen Sie mit mir Ihre Meinung darüber, welche Unterstützung am wahrscheinlichsten helfen würde (zum Beispiel mehr elterliche Überwachung, bessere Strafverfolgung, ein besseres Highschool-Curriculum oder etwas anderes), um Kontakt mit einem Internet-Verführer zu verhindern?
Teilnehmer X: Weniger Zugang zum Computer und mehr Zugang zu Sport und offenen Turnhallen.

Forscher: Sechste Frage, bitte teilen Sie mit mir Ihre demographischen Daten (Geschlecht, Anzahl der Kinder, Ethnizität).
Teilnehmer X: Weiblich/0/Weiß.

Forscher: Letzte Frage, wäre es in Ordnung, Sie zu kontaktieren, wenn es nachfolgende Fragen gibt?
Teilnehmer X: Ja, nur nach 14:30 Uhr.

Teilnehmer Y Interview

Anwesend während des Interviews: Teilnehmer Y und der Forscher
Ort des Interviews: Highschool in einer Stadt im mittleren Westen der USA
Datum und Zeit des Interviews: Dienstag, 7. Februar 2012, 16:56 Uhr
Beobachtung und Kommentar:

Interview Y

Forscher: Ich würde gerne ein kurzes 15-minütiges Interview durchführen. Das Interview wird aus sechs Fragen mit offenem Ende bestehen, die konzipiert wurden, um Ihre Meinung zu sexuellem Kontakt von (13- bis 17-jährigen) Teenagern mit jemandem, den sie im Internet treffen, zu erhalten. Das Interview ist konzipiert, um mehr über die möglichen Motive der Kinder und Internet-Werkzeuge, die zu sexuellem Kontakt führen, zu lernen. Schließlich werden die Interviews mögliche Lösungen, die die Menge des sexuellen Kontakts von Teenagern im Internet reduzieren könnten, erforschen. Ich habe die Erlaubnis vom Schulbezirk und dem Schulleiter, die Interviews durchzuführen. Sie werden einen Restaurantgutschein im Wert von $15 als Dankeschön für Ihre Teilnahme an dem Interview erhalten.

Forscher: Erste Frage, bitte teilen Sie mit mir Ihre Meinung darüber, welche Umstände am ehesten zu sexuellen Treffen von Teenagern mit jemandem, den sie im Internet treffen, führen?
Teilnehmer Y: Kinder sind in so einem frühen Alter der Technologie ausgesetzt und ohne Aufsicht.

Forscher: Zweite Frage, bitte teilen Sie mit mir Ihre Meinung darüber, wie Teenager am ehesten Leute im Internet treffen (zum Beispiel in einem Chat-Raum, via MySpace™, Facebook® oder auf komplett anderem Weg)?
Teilnehmer Y: Alle Genannten. Überall da, wo Kinder persönliche Informationen verschicken können.

Forscher: Dritte Frage, welche Rolle spielt Ihrer Meinung nach die Persönlichkeit eines Teenagers (zum Beispiel A-introvertiert, B-extrovertiert oder etwas völlig anderes) darin, ob sie einen Verführer im Internet treffen werden?

Teilnehmer Y: Beide. B ist kontaktfreudiger, aber A kann eine andere Person hinter dem Computer sein.

Forscher: Vierte Frage, bitte teilen Sie mit mir Ihre Meinung zu der Rolle, die die Befriedigung von Teenagern (zum Beispiel Sex, Gesellschaft, Selbstbewusstsein oder etwas anderes) darin spielt, ob ein Teenager einen Internet-Verführer treffen wird?

Teilnehmer Y: Druck durch Gleichaltrige. Kinder sind nicht in der Lage, wie Eltern zu denken.

Forscher: Fünfte Frage, bitte teilen Sie mit mir Ihre Meinung darüber, welche Unterstützung am wahrscheinlichsten helfen würde (zum Beispiel mehr elterliche Überwachung, bessere Strafverfolgung, ein besseres Highschool-Curriculum oder etwas anderes), um Kontakt mit einem Internet-Verführer zu verhindern?

Teilnehmer Y: Elterliche Aufsicht. Eltern sind vielbeschäftigt und Lehrer können nur ihr Möglichstes tun.

Forscher: Sechste Frage, bitte teilen Sie mit mir Ihre demographischen Daten (Geschlecht, Anzahl der Kinder, Ethnizität).

Teilnehmer Y: Männlich/0/Weiß.

Forscher: Letzte Frage, wäre es in Ordnung, Sie zu kontaktieren, wenn es nachfolgende Fragen gibt?

Teilnehmer Y: Ja.

APPENDIX F: TRANSCRIPTS OF PILOT INTERVIEWS
Anhang F: Mitschriften der Pilot-Interviews

Pilotstudie

Pilot 1 Interview

Anwesend während des Interviews: Teilnehmer 1 und der Forscher
Ort des Interviews: Highschool in einer Stadt im mittleren Westen der USA
Datum und Zeit des Interviews: Donnerstag, 2. Februar 2012, 11:28 Uhr
Beobachtung und Kommentar:

Pilot 1 Interview

Forscher: Ich würde gerne ein kurzes 15-minütiges Interview durchführen. Das Interview wird aus sechs Fragen mit offenem Ende bestehen, die konzipiert wurden, um Ihre Meinung zu sexuellem Kontakt von (13- bis 17-jährigen) Teenagern mit jemandem, den sie im Internet treffen, zu erhalten. Das Interview ist konzipiert, um mehr über die möglichen Motive der Kinder und Internet-Werkzeuge, die zu sexuellem Kontakt führen, zu lernen. Schließlich werden die Interviews mögliche Lösungen, die die Menge des sexuellen Kontakts von Teenagern im Internet reduzieren könnten, erforschen. Ich habe die Erlaubnis vom Schulbezirk und dem Schulleiter, die Interviews durchzuführen. Sie werden einen Restaurantgutschein im Wert von $15 als Dankeschön für Ihre Teilnahme an dem Interview erhalten.

Forscher: Erste Frage, bitte teilen Sie mit mir Ihre Meinung darüber, welche Umstände am ehesten zu sexuellen Treffen von Teenagern mit jemandem, den sie im Internet treffen, führen?
Pilot 1:Fehlen der Aufsicht der Eltern über das, was ein Kind tut.

Forscher: Zweite Frage, bitte teilen Sie mit mir Ihre Meinung darüber, wie Teenager am ehesten Leute im Internet treffen (zum Beispiel in einem Chat-Raum, via MySpace™, Facebook® oder auf komplett anderem Weg)?
Pilot 1: Alle der Genannten ebenso wie Partnersuche-Webseiten wie eHarmony.

Forscher: Dritte Frage, welche Rolle spielt Ihrer Meinung nach die Persönlichkeit eines Teenagers (zum Beispiel A-introvertiert, B-extrovertiert oder etwas völlig anderes) darin, ob sie einen Verführer im Internet treffen werden?
Pilot 1: A. Sie sind verwundbarer und es mag der einzige Weg sein, dass sie sich als genügend betrachten.

Forscher: Vierte Frage, bitte teilen Sie mit mir Ihre Meinung zu der Rolle, die die Befriedigung von Teenagern (zum Beispiel Sex, Gesellschaft, Selbstbewusstsein oder etwas anderes) darin spielt, ob ein Teenager einen Internet-Verführer treffen wird?
Pilot 1: Die Idee der sofortigen Befriedigung – Alles sofort zu haben.

Forscher: Fünfte Frage, bitte teilen Sie mit mir Ihre Meinung darüber, welche Unterstützung am wahrscheinlichsten helfen würde (zum Beispiel mehr elterliche Überwachung, bessere Strafverfolgung, ein besseres Highschool-Curriculum oder etwas anderes), um Kontakt mit einem Internet-Verführer zu verhindern?
Pilot 1: Alle von den Genannten ebenso wie das Sprechen mit Gleichaltrigen.

Forscher: Sechste Frage, bitte teilen Sie mit mir Ihre demographischen Daten (Geschlecht, Anzahl der Kinder, Ethnizität).
Pilot 1: Weiblich/2/Hispanoamerikanisch.

Forscher: Letzte Frage, wäre es in Ordnung, Sie zu kontaktieren, wenn es nachfolgende Fragen gibt?
Pilot 1: Ja.

Pilot 2 Interview

Anwesend während des Interviews: Teilnehmer 2 und der Forscher
Ort des Interviews: Highschool in einer Stadt im mittleren Westen der USA
Datum und Zeit des Interviews: Donnerstag, 2. Februar 2012, 11:50 Uhr
Beobachtung und Kommentar:

Pilot 2 Interview

Forscher: Ich würde gerne ein kurzes 15-minütiges Interview durchführen. Das Interview wird aus sechs Fragen mit offenem Ende bestehen, die konzipiert wurden, um Ihre Meinung zu sexuellem Kontakt von (13- bis 17-jährigen) Teenagern mit jemandem, den sie im Internet treffen, zu erhalten. Das Interview ist konzipiert, um mehr über die möglichen Motive der Kinder und Internet-Werkzeuge, die zu sexuellem Kontakt führen, zu lernen. Schließlich werden die Interviews mögliche Lösungen, die die Menge des sexuellen Kontakts von Teenagern im Internet reduzieren könnten, erforschen. Ich habe die Erlaubnis vom Schulbezirk und dem Schulleiter, die Interviews durchzuführen. Sie werden einen Restaurantgutschein im Wert von $15 als Dankeschön für Ihre Teilnahme an dem Interview erhalten.

Forscher: Erste Frage, bitte teilen Sie mit mir Ihre Meinung darüber, welche Umstände am ehesten zu sexuellen Treffen von Teenagern mit jemandem, den sie im Internet treffen, führen?
Pilot 2: Unregulierte Internet-Nutzung zuhause und mangelnde Bildung über die damit verbundenen Gefahren.

Forscher: Zweite Frage, bitte teilen Sie mit mir Ihre Meinung darüber, wie Teenager am ehesten Leute im Internet treffen (zum Beispiel in einem Chat-Raum, via MySpace™, Facebook® oder auf komplett anderem Weg)?
Pilot 2: Hauptsächlich Facebook® und MySpace™, da sie mehr oder weniger Chat-Räume ersetzt haben.

Forscher: Dritte Frage, welche Rolle spielt Ihrer Meinung nach die Persönlichkeit eines Teenagers (zum Beispiel A-introvertiert, B-extrovertiert oder etwas völlig anderes) darin, ob sie einen Verführer im Internet treffen werden?
Pilot 2: A. Teenager, die rebellieren wollen und glauben, dass sie reif genug sind.

Forscher: Vierte Frage, bitte teilen Sie mit mir Ihre Meinung zu der Rolle, die die Befriedigung von Teenagern (zum Beispiel Sex, Gesellschaft, Selbstbewusstsein oder etwas anderes) darin spielt, ob ein Teenager einen Internet-Verführer treffen wird?
Pilot 2: Die Tatsache, dass es gefährlich ist, aber der Teenager sich der Gefahren nicht bewusst ist.

Forscher: Fünfte Frage, bitte teilen Sie mit mir Ihre Meinung darüber, welche Unterstützung am wahrscheinlichsten helfen würde (zum Beispiel mehr elterliche Überwachung, bessere Strafverfolgung, ein besseres Highschool-Curriculum oder etwas anderes), um Kontakt mit einem Internet-Verführer zu verhindern?
Pilot 2: Bildung, das heißt ein Gesundheitscurriculum. Aber das Problem kann sich ungeachtet der Bildung fortsetzen.

Forscher: Sechste Frage, bitte teilen Sie mit mir Ihre demographischen Daten (Geschlecht, Anzahl der Kinder, Ethnizität).
Pilot 2: Männlich/0/Weiß.

Forscher: Letzte Frage, wäre es in Ordnung, Sie zu kontaktieren, wenn es nachfolgende Fragen gibt?
Pilot 2: Ja.

Pilot 3 Interview

Anwesend während des Interviews: Teilnehmer 3 und der Forscher
Ort des Interviews: Highschool in einer Stadt im mittleren Westen der USA
Datum und Zeit des Interviews: Donnerstag, 2. Februar 2012, 12:01 Uhr
Beobachtung und Kommentar:

Pilot 3 Interview

Forscher: Ich würde gerne ein kurzes 15-minütiges Interview durchführen. Das Interview wird aus sechs Fragen mit offenem Ende bestehen, die konzipiert wurden, um Ihre Meinung zu sexuellem Kontakt von (13- bis 17-jährigen) Teenagern mit jemandem, den sie im Internet treffen, zu erhalten. Das Interview ist konzipiert, um mehr über die möglichen Motive der Kinder und Internet-Werkzeuge, die zu sexuellem Kontakt führen, zu lernen. Schließlich werden die Interviews mögliche Lösungen, die die Menge des sexuellen Kontakts von Teenagern im Internet reduzieren könnten, erforschen. Ich habe die Erlaubnis vom Schulbezirk und dem Schulleiter, die Interviews durchzuführen. Sie werden einen Restaurantgutschein im Wert von $15 als Dankeschön für Ihre Teilnahme an dem Interview erhalten.

Forscher: Erste Frage, bitte teilen Sie mit mir Ihre Meinung darüber, welche Umstände am ehesten zu sexuellen Treffen von Teenagern mit jemandem, den sie im Internet treffen, führen?
Pilot 3: Facebook® und Surfen im Internet.

Forscher: Zweite Frage, bitte teilen Sie mit mir Ihre Meinung darüber, wie Teenager am ehesten Leute im Internet treffen (zum Beispiel in einem Chat-Raum, via MySpace™, Facebook® oder auf komplett anderem Weg)?
Pilot 2: Facebook®. Sie werden von einem Freund mit einem anderen verbunden, den sie nicht kennen.

Forscher: Dritte Frage, welche Rolle spielt Ihrer Meinung nach die Persönlichkeit eines Teenagers (zum Beispiel A-introvertiert, B-extrovertiert oder etwas völlig anderes) darin, ob sie einen Verführer im Internet treffen werden?
Pilot 3: A. Sie sind einsamer und suchen nach Freunden an einem anderen Ort.

Forscher: Vierte Frage, bitte teilen Sie mit mir Ihre Meinung zu der Rolle, die die Befriedigung von Teenagern (zum Beispiel Sex, Gesellschaft, Selbstbewusstsein oder etwas anderes) darin spielt, ob ein Teenager einen Internet-Verführer treffen wird?
Pilot 3: Gesellschaft und Freundschaft im Allgemeinen würden eine Rolle spielen.

Forscher: Fünfte Frage, bitte teilen Sie mit mir Ihre Meinung darüber, welche Unterstützung am wahrscheinlichsten helfen würde (zum Beispiel mehr elterliche Überwachung, bessere Strafverfolgung, ein besseres Highschool-Curriculum oder etwas anderes), um Kontakt mit einem Internet-Verführer zu verhindern?
Pilot 3: Mehr elterliche Aufsicht und mehr elterliches Engagement würden helfen.

Forscher: Sechste Frage, bitte teilen Sie mit mir Ihre demographischen Daten (Geschlecht, Anzahl der Kinder, Ethnizität).
Pilot 3: Weiblich/2/Weiß.

Forscher: Letzte Frage, wäre es in Ordnung, Sie zu kontaktieren, wenn es nachfolgende Fragen gibt?

Pilot 3: Ja.

Pilot 4 Interview

Anwesend während des Interviews: Teilnehmer 4 und der Forscher
Ort des Interviews: Highschool in einer Stadt im mittleren Westen der USA
Datum und Zeit des Interviews: Donnerstag, 2. Februar 2012, 12:21 Uhr
Beobachtung und Kommentar:

Pilot 4 Interview

Forscher: Ich würde gerne ein kurzes 15-minütiges Interview durchführen. Das Interview wird aus sechs Fragen mit offenem Ende bestehen, die konzipiert wurden, um Ihre Meinung zu sexuellem Kontakt von (13- bis 17-jährigen) Teenagern mit jemandem, den sie im Internet treffen, zu erhalten. Das Interview ist konzipiert, um mehr über die möglichen Motive der Kinder und Internet-Werkzeuge, die zu sexuellem Kontakt führen, zu lernen. Schließlich werden die Interviews mögliche Lösungen, die die Menge des sexuellen Kontakts von Teenagern im Internet reduzieren könnten, erforschen. Ich habe die Erlaubnis vom Schulbezirk und dem Schulleiter, die Interviews durchzuführen. Sie werden einen Restaurantgutschein im Wert von $15 als Dankeschön für Ihre Teilnahme an dem Interview erhalten.

Forscher: Erste Frage, bitte teilen Sie mit mir Ihre Meinung darüber, welche Umstände am ehesten zu sexuellen Treffen von Teenagern mit jemandem, den sie im Internet treffen, führen?
Pilot 4: Mangel an sozialen Kompetenzen.

Forscher: Zweite Frage, bitte teilen Sie mit mir Ihre Meinung darüber, wie Teenager am ehesten Leute im Internet treffen (zum Beispiel in einem Chat-Raum, via MySpace™, Facebook® oder auf komplett anderem Weg)?
Pilot 4: Facebook®. Es ist leichter verfügbar und Fotos müssen nicht authentisch sein.

Forscher: Dritte Frage, welche Rolle spielt Ihrer Meinung nach die Persönlichkeit eines Teenagers (zum Beispiel A-introvertiert, B-extrovertiert oder etwas völlig anderes) darin, ob sie einen Verführer im Internet treffen werden?

Pilot 4: A. Sie fühlen sich sicher mit nonverbalem Kontakt und werden süchtig danach.

Forscher: Vierte Frage, bitte teilen Sie mit mir Ihre Meinung zu der Rolle, die die Befriedigung von Teenagern (zum Beispiel Sex, Gesellschaft, Selbstbewusstsein oder etwas anderes) darin spielt, ob ein Teenager einen Internet-Verführer treffen wird?
Pilot 4: Jede Art der Aufmerksamkeit, sei sie negativ oder positiv.

Forscher: Fünfte Frage, bitte teilen Sie mit mir Ihre Meinung darüber, welche Unterstützung am wahrscheinlichsten helfen würde (zum Beispiel mehr elterliche Überwachung, bessere Strafverfolgung, ein besseres Highschool-Curriculum oder etwas anderes), um Kontakt mit einem Internet-Verführer zu verhindern?
Pilot 4: Bessere elterliche Aufsicht. Die Eltern haben unmittelbaren Zugang an der Heimatfront.

Forscher: Sechste Frage, bitte teilen Sie mit mir Ihre demographischen Daten (Geschlecht, Anzahl der Kinder, Ethnizität).
Pilot 4: Weiblich/0/Weiß.

Forscher: Letzte Frage, wäre es in Ordnung, Sie zu kontaktieren, wenn es nachfolgende Fragen gibt?
Pilot 4: Ja.

Pilot 5 Interview

Anwesend während des Interviews: Teilnehmer 5 und der Forscher
Ort des Interviews: Highschool in einer Stadt im mittleren Westen der USA
Datum und Zeit des Interviews: Donnerstag, 2. Februar 2012, 13:37 Uhr
Beobachtung und Kommentar:

Pilot 5 Interview

Forscher: Ich würde gerne ein kurzes 15-minütiges Interview durchführen. Das Interview wird aus sechs Fragen mit offenem Ende bestehen, die konzipiert wurden, um Ihre Meinung zu sexuellem Kontakt von (13- bis 17-jährigen) Teenagern mit jemandem, den sie im Internet treffen, zu erhalten.

Das Interview ist konzipiert, um mehr über die möglichen Motive der Kinder und Internet-Werkzeuge, die zu sexuellem Kontakt führen, zu lernen. Schließlich werden die Interviews mögliche Lösungen, die die Menge des sexuellen Kontakts von Teenagern im Internet reduzieren könnten, erforschen. Ich habe die Erlaubnis vom Schulbezirk und dem Schulleiter, die Interviews durchzuführen. Sie werden einen Restaurantgutschein im Wert von $15 als Dankeschön für Ihre Teilnahme an dem Interview erhalten.

Forscher: Erste Frage, bitte teilen Sie mit mir Ihre Meinung darüber, welche Umstände am ehesten zu sexuellen Treffen von Teenagern mit jemandem, den sie im Internet treffen, führen?
Pilot 5: Die Sexualisierung der Gesellschaft – Sex ist Teil unseres Humors und wird als cool positiv betrachtet.
Forscher: Zweite Frage, bitte teilen Sie mit mir Ihre Meinung darüber, wie Teenager am ehesten Leute im Internet treffen (zum Beispiel in einem Chat-Raum, via MySpace™, Facebook® oder auf komplett anderem Weg)?
Pilot 5: Soziale Netzwerke oder Chat-Räume, die verknüpft mit etwas sind, das sie mögen.

Forscher: Dritte Frage, welche Rolle spielt Ihrer Meinung nach die Persönlichkeit eines Teenagers (zum Beispiel A-introvertiert, B-extrovertiert oder etwas völlig anderes) darin, ob sie einen Verführer im Internet treffen werden?
Pilot 5: Sowohl A als auch B. Extrovertierte sind kontaktfreudiger, aber Introvertierte haben weniger Freunde.

Forscher: Vierte Frage, bitte teilen Sie mit mir Ihre Meinung zu der Rolle, die die Befriedigung von Teenagern (zum Beispiel Sex, Gesellschaft, Selbstbewusstsein oder etwas anderes) darin spielt, ob ein Teenager einen Internet-Verführer treffen wird?
Pilot 5: Sexuelle Freizügigkeit und Langeweile können dazu führen. Auch Rebellion gegen die Eltern.

Forscher: Fünfte Frage, bitte teilen Sie mit mir Ihre Meinung darüber, welche Unterstützung am wahrscheinlichsten helfen würde (zum Beispiel mehr elterliche Überwachung, bessere Strafverfolgung, ein besseres Highschool-Curriculum oder etwas anderes), um Kontakt mit einem Internet-Verführer zu verhindern?

Pilot 5: Sicherstellen, dass das Kind glücklich und gut angepasst ist und Hobbys hat.

Forscher: Sechste Frage, bitte teilen Sie mit mir Ihre demographischen Daten (Geschlecht, Anzahl der Kinder, Ethnizität).
Pilot 5: Männlich/3/Weiß.

Forscher: Letzte Frage, wäre es in Ordnung, Sie zu kontaktieren, wenn es nachfolgende Fragen gibt?
Pilot 5: Ja.

Anhang G: Teilnehmer-Demographie

Tabelle 3. Teilnehmer-Demographie

Teilnehmer	Geschlecht	Anzahl der Kinder	Ethnizität
A	Weiblich	5	Weiß
B	Männlich	2	Weiß
C	Männlich	0	Weiß
D	Weiblich	2	Gemischt
E	Weiblich	1	Weiß
F	Weiblich	2	Pazifikinsulaner
G	Weiblich	3	Weiß
H	Weiblich	1	Weiß
I	Weiblich	4	Weiß
J	Weiblich	0	Weiß
K	Weiblich	1	Weiß
L	Weiblich	0	Schwarz
M	Weiblich	0	Hispanoamerikanisch
N	Weiblich	0	Weiß
O	Weiblich	0	Weiß
P	Männlich	0	Weiß
Q	Männlich	0	Weiß
R	Männlich	2	Weiß
S	Männlich	2	Weiß

Teilnehmer	Geschlecht	Anzahl der Kinder	Ethnizität
T	Männlich	2	Weiß
U	Weiblich	1	Weiß
V	Weiblich	0	Weiß
W	Weiblich	2	Weiß
X	Weiblich	0	Weiß
Y	Männlich	0	Weiß

Tabelle 3. Teilnehmer-Demographie (fortgesetzt)

Herstellung und Verlag:
BoD - Books on Demand, Norderstedt
ISBN 978-3-7357-8047-8